I0377017

www.ingramcontent.com/pod-product-compliance
Lightning Source LLC
Chambersburg PA
CBHW030907080526
44589CB00010B/193
9781778100307

الأب وليد الخوري الأنطوني

الشهادة
في إنجيل يوحنا

الشهادة في إنجيل يوحنا
للأب وليد الخوري

الأصل الفرنسي: Le Témoignage dans le Quatrième Evangile

تعريب: الأستاذ جرجس خليفه

الاستشهادات: الترجمة العربية المشتركة من اللغات الأصلية

الصف: دلال عبّود وجوزفين معلوف

التصحيح والتنقيح: الأب قيصر الأشقر والأستاذ جورج غريّب

تقديم

الكتب والمقالات، التي أُلِّفت حول الإنجيل الرابع خاصة والكتابات اليوحنّويّة عامة، تشكل اليوم مكتبة ضخمة. وما زال النشاط الكتابي على أوجه إذ تصدر كل سنة عشرات الكتب والمقالات الجديدة وفي مختلف اللغات. فكتابات «التلميذ الحبيب» ما زالت توحي للبحاثة واللاهوتيين بمواضيع جديدة، لم يتناولها البحث سابقاً أو لم يعطها البحاثة كامل حقها.

في هذا السياق يندرج مؤلَّف الأب وليد الخوري «الشهادة في إنجيل يوحنا». إنه نتيجة عمل ملتزم ورصين ومحاولة جريئة لإظهار بُعدٍ لاهوتي مهم من أبعاد الإنجيل. وبإنجازه يكون المؤلف قد أضاف على المكتبة اليوحنّويّة مؤلفاً جديداً ذا أهمية «كتابية» ولاهوتية.

المنهجية العلمية، التي يتبعها المؤلف، تسهل على القارئ متابعة الموضوع، بالرغم من تعقيدات الأبحاث الكتابية عامة. فهو، إذ يتنبّه إلى أهمية مفهوم الشهادة في اللاهوت الكنسي المعاصر، يريد أن يطلعنا من

خلال بحث واضح ودقيق، على الأهمية التي أولاها يوحنا الإنجيلي لهذا المفهوم. فيسوع هو الشاهد الأوّل، والتلاميذ الأُوَل من بعده هم شهود له كما كان يوحنا المعمدان أيضاً الشاهد الأول له أمام اليهود. وتعليم يسوع وأعماله أيضاً تندرج كلها في خط الشهادة للآب الذي أرسله، كما أن الآب يشهد للابن وكذلك الروح الذي سيأتي من قِبَله. كلّ هذه الشهادات تجري ضمن إطار عام للإنجيل، يتخذ شكل المحاكمة، محاكمة يسوع من قِبَل اليهود. ولكن الحُكم الأخير سينقلب على المحاكِمين فيصبحون هم المحكوم عليهم لأنهم لم يؤمنوا «بمختار الله»، ولم يصدّقوا، بالرغم من كل هذه الشهادات، أن يسوع هو «ابن الله».

يعالج المؤلف هذا الموضوع الشيق منتقلاً من البحث اللغوي إلى البحث الأدبي واللاهوتي. ويقدم لنا في القسم الثاني من كتابه دراسة كتابية لثلاثة مقطوعات من الإنجيل، تتمحور حول الشهادة بأنواعها المختلفة. هذه الدراسة الغنيّة بالمقارنة مع الأناجيل الإزائية وبالاستشهادات بالعهد القديم تبرز ميزات إنجيل يوحنا ولاهوته الإيحائي.

إن موضوع الشهادة هو من دون أي شك، كما يلاحظ المؤلف، ذو أهمية أساسية بالنسبة لعصرنا. فالإيمان المعلن بالقول والتعليم يبقى عقيماً إذا لم تصحبه شهادة الحياة، التي قد تؤدي إلى الاستشهاد. وليس من الصدفة أن يختتم يوحنا إنجيله بالإشارة إلى استشهاد بطرس وثباته هو في خط

الشهادة (يو ٢١: ١٨-٢٣). أمام المؤمن إذن، طريقان متكاملان، لا ثالث لهما، للتعبير عن إيمانه: الشهادة والاستشهاد.

هذا الكتاب هو الأول للأب وليد الخوري، نرجو ان نقرأ له أيضاً كتباً عديدة في هذا الحقل، ليُسهم بما لديه من علم وخبرة بإغناء المكتبة العربية بدراسات جديدة حول الكتاب المقدس.

الأباتي بولس تنوري الأنطوني

مقدّمة

دخل الكلام على الشهادة، تدريجياً، في القاموس الكنسيّ، منذ قرن تقريباً وظهرت كلمة «شهادة»، بشكل محدود، في المجمع الفاتيكاني الأول، للدلالة على الكنيسة، كونها تشكّل، بحدِّ ذاتها وبفعل حضورها في العالم، «عامل صدقيَّة دائمة، وشهادة على رسالتها الإلهية التي لا يمكن نقضها[1]».

مع المجمع الفاتيكاني الثاني برز الكلام بكثرة حول موضوع الشهادة، إذ وردت كلمات مثل: «شهد، وشهادة، وشاهد»، أكثر من مئة مرَّة، وهي تطبّق على الكنيسة بكاملها كما على جماعات المسيحيين: «إن المؤمنين الذين دخلوا في الكنيسة بالعماد، ... صار عليهم أن ينشروا الإيمان ويدافعوا عنه بالقول والفعل شهوداً حقيقيين للمسيح[2]». فحيث قدَّم المجمع الفاتيكاني الأول الكنيسة على

---

[1] - المجمع الفاتيكاني الأول، الدورة الثالثة، دستور عقائدي «ابن الله» «Dei Filius» الفصل الثالث؛ راجع: نصوص عقائدية للسلطة في الكنيسة حول الإيمان الكاثوليكي: Dumeige, L'Orante, Paris, 1975, P. 49 (FC 95)

[2] - المجمع الفاتيكاني الثاني «نور الأمم»، عدد ١١.

أنها علامة قائمة أمام الشعوب كلها، جعل المجمع الفاتيكاني الثاني علامة الكنيسة هذه شخصيةً وباطنية، وتحدَّث بالأَحرى عن شهادة المسيحيين[٣]. إن المسيحيين بالذات، إذ يحيون حياة مقدَّسة، والجماعات المسيحية إذ تحيا حياة وحدة ومحبة، ترسِّخ علامة الكنيسة. والمسيحيون الذين يعيشون تماماً كأبناء للآب، وقد افتداهم المسيح، وقدَّسهم الروح القدس، يجعلون الآخرين يدركون أن الخلاص موجود بيننا بالفعل. إن الشهادة بنظر المجمع الفاتيكاني، تعني نشر الإنجيل كحقيقة، وكخلاص للإنسان الذي يحيا بهدي تعاليم الإنجيل عينه.

إن موضوع الشهادة، يبرز باندفاع جديد في الفكر المعاصر وخاصة في إطار التبشير بالإنجيل، ويصبح مفهوم الالتزام غير منفصل عن الشهادة. في الواقع، يتأثر مجتمعنا بالشهادة النابعة عن إيمان ملتزم، أكثر من تأثره بالمواعظ البليغة، فالشاهد أكثر فاعلية من الواعظ. ودخلت الشهادة أيضاً في صميم تعليم الكنيسة[٤] وفي اللاهوت الحالي.

---

٣ - راجع المجمع الفاتيكاني الثاني، تجديد الحياة الرهبانية، «المحبة الكاملة» عدد ١٣ و١٥، «التنشئة الكهنوتية»، عدد ٦؛ المدارس والجامعات الكاثوليكية، «أهمية التربية»، عدد ٢ و١٠؛ الحركة المسكونية، «استعادة الوحدة» عدد ٤؛ لنشاط الكنيسة الإرسالي، «إلى الأمم» عدد ١١-١٢.

٤ - ترد مشتقات كلمة «شهادة» ١٤٥ مرَّة في «التعليم المسيحي للكنيسة الكاثوليكية». يمكن الرجوع إلى بعض الشواهد مثل الأعداد: ٦ و٥٤ و١٧٢ و٣٢٥ و٥٤٨ و٧٢٨ و١١٤٩ و١٣٠٤ و١٦١١ و١٨١٦ و٢٠٥٢ و٢٣٦٥ و٢٦٤٢ و٢٨٤٤...

لكن هذا الموضوع ليس مستجدّاً، بل هو استمرار للتقليد الكنسي منذ بداية المسيحية ويستنبت جذوره من البيبليا.

إن الشهادة هي أحد المواضيع التي استعملها الكتاب المقدَّس ليوصل الإنسان إلى ثروات السرّ الإلهي، مثل مواضيع العهد أو الميثاق والكلمة.

إن الشاهد، في العهد القديم، هو النبي قبل أي شيء آخر. فاختيار الشاهد، وإرساله من قبل الله، ووضعه بالتالي في صميم اختبار مميَّز، هذه جميعها تكوِّن أَصالته كشاهد. يعرف النبي الله، لأن الله كلّمه، وأَوكل إليه كلمته. تلقّى النبي كلمة الله، لا ليحتفظ بها، بل لينقلها إلى سواه. إنه خادم الكلمة، وشاهد لله، وسط مناخ من العداء والاضطهاد في أغلب الأحيان.

والشاهد في العهد القديم هو أيضاً شعب إسرائيل الذي اختاره الله ودعاه. يذكِّر أشعيا الثاني بدعوى يهوه ضدَّ الآلهة الكذبة (راجع أش ٤٤: ٦-٨). إنه يتحدّى الآلهة المعادية، بأن تبرهن عن حضورها وتتنبأ بالمستقبل، ولكن عدم قدرتها على القيام بمثل هذا العمل يؤكد عدم وجودها (راجع أش ٤٥: ٢١). في هذا الإطار، يستدعي شعب إسرائيل كشاهد: «أنتم شهودي، يقول الرب، ذريّة عبدي الذي اخترتُهُ لأنكم علمتم وآمنتم أنّي أنا هو...» (أش ٤٣: ١٠ راجع أش ٤٣: ١٢؛ ٤٤: ٨). إن الشعب مدعوّ إذاً ليتصرّف كشاهد في وسط الأمم. ولكن الشعب بدا أحياناً عاجزاً عن القيام برسالته كشاهد، لأنه شعب أصمّ، أعمى (راجع أش ٤٢: ١٨-١٩). وحده الرّب يظهر أنه الإله الحقيقي إذ أنجز أفعال عدالة وقدرة (راجع أش ٤٥: ٢١-٢٤).

شهد الله لنفسه عندما أوحى لموسى بمعنى اسمه القدوس (راجع خر ٣: ١٤)، أو عندما أعلن أنّه الإله الأوحد (راجع خر ٢٠: ٢-٣). وقد شهد الله أيضاً بالوصايا التي تتضمنها الشريعة (راجع ٢مل ١٧: ١٣؛ مز ١٩: ٨؛ ٧٨: ٥، ٥٦). ولهذا السبب أُطلق على «لوحي الشريعة» اسم «الشهادة» (راجع خر ٢٥: ١٦؛ ٣١: ١٨)[٥]. وقد وُضعت في تابوت العهد، فسمّي «تابوت الشهادة» (راجع خر ٢٥: ٢٢؛ ٤٠: ٣، ٥، ٢١-٢٢)، وصار قدس الأقداس «مسكِن الشهادة» (راجع خر ٣٨: ٢١؛ عدد ١: ٥٠-٥٣).

إن موضوع الشهادة، في العهد الجديد، ليس عارضاً، بل متكرراً ومقصوداً. وإذا أجرينا إحصاءً لتكرار كلمة «شهادة» ومشتقاتها، لوجدنا أنها ترد ١٧٢ مرّة. ولكن توزيعها على فصول العهد الجديد ليس متجانساً[٦]. باستثناء نصوص يوحنا، حيث تكثر كلمات «شهد» و «شهادة» في التقليد اللوقاوي وخاصة في كتاب أعمال الرسل. إن «الشهادة» ميَّزت النشاط الرسولي بعد

---

[٥] - في المزامير، تعني كلمة «شهادة» فرائض الشريعة (راجع مز ٩٣: ٥؛ ١١٩: ٢٤، ٣١، ٣٦، ٥٩، ٩٩).

[٦] - وردت في متى ٦ مرات، وفي مرقس ولوقا ٧ مرات في كل من الإنجيلين، وفي يوحنا ٤٧ مرّة، وفي رسائل بولس ٢٧ مرة، في الرسالة إلى العبرانيين ١١ مرة يعقوب وفيل مرة واحدة، ١ يو ١٢ مرّة، ٣ يو ٥ مرات، رؤ ١٩ مرّة.

القيامة، ودلَّ تعبير «شهود» على الرسل بدرجة أولى. هناك أربعة خطوط بارزة تحدِّد الرسل كشهود[٧]:

- لقد اختارهم الله، كما اختار الأنبياء (أع ١: ٢٦؛ ١٠: ٤١).

- لقد رأوا المسيح وسمعوه (أع ٤: ٢٠)، وعاشوا معه طوال المدة التي قضاها بينهم (أع ١: ٢١-٢٢)، وهم، بالتالي، اختبروا شخص المسيح، وتعليمه، وأعماله، اختباراً حياً. وشهادتهم مبنية على واقعية أعمال يسوع وكلماته. وإذا كان يسوع لم يقم بالأعمال التي قام بها، فالشهادة الرسولية لا تعود تساوي شيئاً.

- لقد اختارهم المسيح ليشهدوا (أع ١٠: ٤١)، ولكي يتمكنوا من القيام بهذه المهمَّة «نزل عليهم الروح القدس» (راجع أع ١: ٨). ولكن شهادتهم تذهب إلى أبعد من سرد بسيط للأحداث المتعلقة بيسوع؛ إنهم يشهدون للمعنى العميق لحضوره الأرضي، وخاصة للخلاص الذي افتتحه بموته وقيامته (أع ٥: ٣١؛ ١٠: ٤٢).

- إن الخط الرابع، البارز، الذي يميّز الرسل كشهود، هو الإخلاص المعبَّر عنه بالأمانة المطلقة للمسيح ولتعليمه الذي هو الحقيقة والخلاص للبشرية. ورغم صعوبات الرسالة، بشَّر الرسل بكلمة الله، بشجاعة نادرة، هي ثمرة الروح القدس

---

[٧] - كان على متّيا، لكي يخلف يهوذا ويصبح «شاهداً للقيامة»، أن يقوم بما يتميّز به الرسل (أع ١: ٢١-٢٢). فهو مدعو من الله، وقد رأى يسوع وسمعه، وانفتح عقله على فهم الكتب المقدَّسة، وتقوَّى بالروح القدس، لذلك وقعت القرعة على متّيا لينقل بأمانة ما يتعلق بيسوع وليصير شاهداً للقيامة.

الذي يعمل فيهم فيتغلبون على الخجل وعلى الخوف من الاضطهادات والموت؛ لقد أعلن الرسل، بفعل هذه الشجاعة في داخلهم: «أما نحن، فلا يمكننا إلا أن نتحدّث بما رأينا وسمعنا». (أع ٤: ٢٠).

إن هذه الخطوط تُطبَّق على فئة خاصة من الشهود، وهم الرسل. فهؤلاء، جعلوا بشهادتهم بشارة يسوع المسيح في متناول المؤمنين. بفضل الشهادة، يجد الإنسان الإنجيل أمامه، كواقع متجسد في خلائق من لحم ودم.

إن الوحي هو أساساً إظهار سرّ الله الخاص. والمسيحية هي دين الشهادة بالتحديد، لأنها سرُّ أقانيم إلهية. فالمسيح يوحي بسره الخاص كابن للآب، من خلال الجسد، وبلغة البشر، لغة يسوع الإنسان. ويشهد الرسل بدورهم، لقربهم من المسيح، ابن الآب، والمتحد بالآب وبالروح القدس. ويبدو الإنجيل بكامله كمناجاة حب، وكشهادة المسيح على ذاته، وعلى الآب والروح القدس، وعلى سرِّ حالتنا كأبناء الله.

يبدو الرسل كصلة وصل بين زمن يسوع وزمن الكنيسة. إنهم يؤمّنون الاستمرارية بين جماعة ما قبل الفصح وما بعده. هكذا ترتكز المسيحية، منذ ألفي سنة، على شهادة الرسل، فضلاً عن ارتكازها على الوحي الذي أنجزه يسوع. فلو أن المسيح مات وقام من دون شهود، ولو أن هؤلاء الشهود لم يعلنوا الحقيقة لما كانت البشرى السعيدة بَلَغتنا.

إن الشهادة هي إذاً بنية أساسية للوحي المسيحي. والجدير بالذكر أن الأناجيل لا تنقل أخبار القيامة إلاّ مرتبطة بالظهورات لشهود عيان.

توسَّع يوحنا في هذا الموضوع، أكثر من الإنجيليين الآخرين. فالإنجيل الرابع بمجمله يبدو كشهادة، كما ورد في خاتمته الثانية: «وهذا التلميذ هو الذي يشهد بهذه الأمور ويدوِّنها، ونحن نعرف أن شهادته صادقة». (يو ٢١: ٢٤). ونصادف في الفصل ١٩ الفكرة نفسها: «والذي رأى هذا يشهد به، وشهادته صحيحة، ويعرف أنه يقول الحق حتى تؤمنوا مثله» (يو ١٩: ٣٥). وكذلك فإن تقليد آسيا الصغرى يطلق على الرسول يوحنا لقب «الشاهد»[٨].

استعمل كاتب الإنجيل الرابع كلمتي marturia, marturein «شهادة» و«شهد» ٤٧ مرة[٩]. كما استعمل أيضا تعابير أخرى تعبِّر عن فكرة الشهادة. إن هذه التعابير تحتل إذاً مكانة مرموقة في التراكيب اللغوية في إنجيل يوحنا. وليست المعطيات الإحصائية وحدها، هي التي تثير الانتباه وتبعث على التأمل؛ ولكن هذه المعطيات، في الواقع، تتخذ، في إطارها، مدلولات لاهوتية غنيّة جداً.

---

٨ - رأى إيريناوس في يوحنا «شاهداً موثوقاً به على تقليد الرسل» (Adv. Haer. III, 3,4). ودعاه بوليكاربوس الأفسسي «شاهداً ومعلماً»، التاريخ الكنسي III، ٣١، ٣؛ انظر أيضاً V 24، ٣.

٩ - marturia شهادة، ١٤ مرة: ١: ٧؛ ١: ١٩؛ ٣: ١١؛ ٣: ٣٢؛ ٣: ٢٣؛ ٥: ٣١؛ ٥: ٣٢؛ ٥: ٣٤؛ ٥: ٣٦؛ ٨: ١٣؛ ٨: ١٤؛ ٨: ١٧؛ ١٩: ٣٥؛ ٢١: ٢٤. marturein شهد، ٣٣ مرَّة: ١: ٧؛ ١: ٨؛ ١: ١٥؛ ١: ٣٢؛ ١: ٣٤؛ ٢: ٢٥؛ ٣: ١١؛ ٣: ٢٦؛ ٣: ٢٨؛ ٣: ٣٢؛ ٤: ٣٩؛ ٤: ٤٤؛ ٥: ٣١؛ ٥: ٣٢ (مرتان)؛ ٥: ٣٣؛ ٥: ٣٦؛ ٥: ٣٧؛ ٥: ٣٩؛ ٧: ٧؛ ٨: ١٣؛ ٨: ١٤؛ ٨: ١٨؛ (مرتان)؛ ١٠: ٢٥؛ ١٢: ١٧؛ ١٣: ٢١؛ ١٥: ٢٦؛ ١٥: ٢٧؛ ١٨: ٢٣؛ ١٨: ٣٧؛ ١٩: ٣٥ (مرتان).

ومن جهة أخرى، فإن مفردات التبشير، المتصلة عادة بإعلان البشرى السعيدة، والأساسية في التقليد الإزائي، غائبة كلياً عن نص يوحنا: إننا لا نجد أبداً تعابير مثل kerussein (أعلن، كرز)[10]، وeuanguélion (إنجيل، بشرى سعيدة)[11]، أو euanguélizein (بشَّر، أعلن البشرى السعيدة)[12].

نتساءل عن سبب اختيار يوحنا المفردات المتعلقة بالشهادة للإعلان عن البشرى السعيدة، خلافاً لما فعله الإنجيليون الآخرون في اختيار مفرداتهم. إن علاقة هذا الموضوع بالوحي من جهة، وضرورته في إطار «محاكمة» من جهة أخرى، تعطي للشهادة اليوحنوية اتجاهاً خاصاً.

الشهادة والوحي

يمكن اعتبار تاريخ البشرية مسيرة بحث طويل لمعرفة واقع يفوق إدراك هذه البشرية، وفيه يكمن أصلها ومصدرها. وجواباً على تساؤلات الإنسان،

---

[10] - ترد كلمة «بشّر» ٦١ مرّة في العهد الجديد؛ ٩ مرات في متّى ١٤ مرّة في مرقس، و٩ مرات عند لوقا.

[11] - ترد كلمة «إنجيل» ٧٦ مرّة في العهد الجديد؛ متى ٤ مرات، مرقس ٨ مرات، وهي غائبة عن إنجيل لوقا.

[12] - إن هذا الفعل هو من خصوصيات التقليد اللوقاوي: فمن أصل ٥٤ مرّة ورد فيها هذا الفعل في العهد الجديد، استعمله لوقا ١٠ مرات في إنجيله، و١٥ مرّة في كتاب أعمال الرسل. ونجد هذا الفعل مرة واحدة عند متى، ويغيب عن إنجيل مرقس.

يعطينا الله أن نعرفه من خلال الوحي. يوجد في الإنجيل الرابع تبادل شهادات يهدف إلى تقديم الوحي وتغذية الإيمان. يشهد المسيح للآب، ويشهد الآب والروح القدس للمسيح، والتلاميذ بدورهم يشهدون لما رأوا وسمعوا من يسوع. وليست شهادتهم إعلاناً لأيديولوجية، أو لاكتشاف علمي، بل هي إعلان لخلاص موعود تحقّق أخيراً.

الشهادة الأكثر أهمية، في إنجيل يوحنا، هي شهادة «الشاهد المميّز»، يسوع الذي يوحي بالله. إنه مرسل من الآب، وهو ابنه الوحيد، وكلمته على الله ذات وزن كبير جداً، لا يقارَن بكلام الآخرين. إن الآب هو ضامن رسالة يسوع، ولقد أعطاه أعمالاً وعلامات تؤكد أقواله. والروح القدس يشهد أيضاً لمصلحة يسوع ويثبِّت تلاميذه في الإيمان. ويبني الشهود البشريّون كلمتهم على شهادة يسوع، كما يمكنهم أن يعتمدوا على رعاية الروح القدس: إنهم «شهود الشاهد الأعظم». ويبقى الإنجيلي متنبهاً إلى حفظ المسافة الفاصلة بين يسوع والشهود الآخرين. إن يسوع وحده، يملك في الواقع المعرفة الإلهية مباشرةً، وهو وحده القادر على إظهار ما رأى وسمع بقرب الآب (راجع ١: ١٨). إن العلاقة الفريدة القائمة بين الآب والابن، والتي تسمح ليسوع بالقول: «أنا والآب واحد» (١٠: ٣٠)، تعطي لشهادة يسوع صفة مميّزة.

إن هذه الإشارة الأولى تساعدنا على فهم سبب اختيار يوحنا، لمفردات الشهادة، كونها ناقلة الوحي بامتياز.

الشهادة والمحاكمة

يؤكد يسوع، بشهادته أمام العالم، واقعاً جديداً لم يسبق له مثيل. وسيجد هذا الواقع ذاته في صراع حادّ ودائم مع العالم. ويصبح من الضروري اتخاذ خيار حاسم وجذري تجاهه. هذا النزاع أعلن عنه في مقدمة إنجيل يوحنا: «وكان في العالم... وما عرفه العالم. إلى بيته جاء، فما قَبِلَهُ أهلُ بيته» (١: ١٠-١١). ولهذا السبب تتخذ الشهادة التي يقدِّمها الإنجيل الرابع مكاناً لها في «المحاكمة» الكبيرة التي شنّها العالم ضدَّ يسوع وتلاميذه. إن يسوع هو الشاهد المميّز حقاً، لأن كلمته تطلق الأزمة وتضع الإنسان أمام خيار التصديق أو اللاتصديق؛ فيصبح هذا الإنسان حاكماً على أفعاله هو. بالواقع، نجد في هذا الإنجيل الكثير من الاستعارات القانونية، وكذلك العدد الكبير من التعابير المستعارة من لغة القضاء.

نجد يسوع باستمرار، في محيط معادٍ، يجادل اليهود ويناظرهم؛ إنه يسترجع أمامهم سلسلة طويلة من الشهادات التي تؤكّد صدقيّة رسالته. وهكذا نلاحظ أهمية مفهوم الشهادة في إطار هذه المحاكمة الكبيرة التي تضع يسوع مواجهة مع العالم.

تصميم الكتاب

نلفت النظر أولاً إلى أن هذا الكتاب هو ثمرة سنتين من الأبحاث خلال متابعتي اختصاص لاهوت الكتاب المقدّس في جامعة القديس توما الأكويني في روما (إيطاليا)، ومن ثمّ في الجامعة الكاثوليكية في ليون (فرنسا)، حيث حصلت على الماستر في هذا الحقل. النص الأصلي للدراسة وُضع باللغة

الفرنسية بعنوان: *Le Témoignage dans le Quatrième Evangile*، وذلك بإشراف الأب جان بيار لومونون Jean-Pierre Lemonon.

في القسم الأول من هذا الكتاب نقدّم بعض نقاط الارتكاز لموضوعنا حيث نشير، في البداية، إلى العناصر المكوَّنة للمحاكمة التي يُدعى فيها شهود متنوعون إلى الإدلاء بشهادتهم. إن الشهادة تنتمي، في الواقع، وقبل كل شيء، إلى إطار قانوني؛ وسوف نسلّط الضوء على العناصر المميّزة لهذه القضية التي تشكل إطار الإنجيل الرابع. وستسمح هذه الدراسة بتقييم الظروف التي أُدلي فيها بالشهادات.

ثمّ نعرض المفردات والتراكيب اللغوية للشهادة في إنجيل يوحنا، والعلاقة القائمة بين هذا الموضوع ومواضيع أخرى مهمّة في الإنجيل الرابع. إن دراسة المصطلحات اللغوية المتعلقة بموضوع الشهادة تساعدنا على تحديد مجال العمل بما له علاقة بموضوعنا.

وبعد ذلك ننصرف إلى ملاقاة شهود متنوعين، يُسهِمُ كُلٌّ منهم، على طريقته، في إبراز هوية يسوع. ونشير إلى وضع كل شاهد، والى ظروف شهادته وموضوعها. يحصي هذا القسم الشهود في الإنجيل، متجنّباً ذكر الذين سيتمّ درسهم في القسم الثاني.

يعطي القسم الأول الخصائص العامة لمفهوم الشهادة عند القديس يوحنا. وللوصول إلى فهم أكثر عمقاً لهذا الموضوع، يكون من المهم دراسة النصوص اليوحنّويّة التي توضح تأكيدات الشهود، وموضوع شهاداتهم، والصعوبات التي اعترضتهم. ولأنه يتعذر تحليل كل النصوص، سنركز اهتمامنا في القسم الثاني على

ثلاثة نصوص أساسية عرض الإنجيلي فيها مظاهر متنوعة من الشهادة. إن النصوص التي اخترناها ليست الوحيدة التي تُبرز مفهوم الشهادة في الإنجيل الرابع، ولكنها تساعد على استخراج الخطوط الأكثر أهمية لهذا الموضوع.

إن يوحنا هو الشاهد الأول الذي قدَّمه الإنجيل؛ وسندرس شهادته التي أدلى بها لصالح يسوع (يو ١: ١٩-٣٤). أستُدرج يوحنا من قِبل اليهود، وسيتوّلى مهمة التعريف عن يسوع أمام العالم في مطلع رسالته العلنية. إن يوحنا هو مثال الشاهد المستعد دائماً لأن يمَّحي لكي يجمع العروس حوله كل المدعوين إلى العرس (راجع ٣: ٣٠).

أما النص الثاني الذي ندرسه فهو (يو ٥: ٣١-٤٧)، وفيه يعدِّد يسوع سلسلة شهود يؤيّدون آراءه. يقدِّم هذا النص غالبية الشهود الذين نجدهم، في إنجيل يوحنا، مجتمعين في خطبة واحِدة: يسوع، يوحنا (المعمدان)، الأعمال التي أنجزها يسوع، الآب، الكتب المقدسة والنبي موسى. ستسمح دراسة هذه الخطبة بمعرفة الشهود وبصورة أفضل، وبالتالي، اكتشاف غنى المفهوم اليوحنّويّ للشهادة.

سندرس أخيراً إحدى آيات يسوع: شفاء أعمى منذ الولادة (يو ٩). سيسمح هذا القسم بدراسة آية تُسهِمُ في إبراز هوية يسوع، ومن جهة أخرى، تساعد على ملاحظة موقف إنسان بسيط عرف أن يدرك المعنى الحقيقي للمعجزة، فتحوّل إلى شاهد. أصبح الأعمى الذي شُفي مثال المؤمن الشاهد القادر على الاعتراف بإيمانه رغم المخاطر والصعوبات.

لن تقتصر دراستنا على الشهادات المعطاة في زمن يسوع (مستوى أوَّل من القراءة)، ولكن إنجيل يوحنا يدعونا إلى القيام بقراءة ثانية على مستوى الجماعة المؤمنة التي أشعّ عليها نور القيامة، ورعاها الروح القدس.

القسم الأول

نقاط ارتكاز

١- المحاكمة إطار الإنجيل الرابع

إن قراءةً، ولو سريعة، لإنجيل يوحنا، تعطي فكرة عن الطابع القانوني لهذا الإنجيل. وهذا الأمر يتّضح أكثر وأكثر بعد دراسة النص نفسه. إن الأسلوب، والمفردات واللغة ووجود شهود، تكوِّن جميعها محاكمة بالمعنى القضائي للكلمة. وسندرس مختلف مظاهر هذه المحاكمة في إنجيل يوحنا.

أ- الأسلوب

نجد في الإنجيل الرابع عدداً كبيراً من الخُطب التي يمكن وصفها بالمرافعات القانونية. إن مناقشات يسوع مع «اليهود» تشبه الحجج والبراهين والأدلة التي تقدَّم في أثناء عرض محاكمة ما. في الواقع، إن الموضوع الرئيسي في الفصول الاثني عشر الأولى في إنجيل يوحنا، هو النزاع بين يسوع واليهود الذين يمثّلون العالم غير المؤمن بالله والمعادي له.

إن هذه المناقشات متعدِّدة، وهي تتبع عادة تدخلاً علنياً يقوم به يسوع فيصدم الإحساس اليهودي، خاصة عندما يكون هذا التدخل انتهاكاً للشريعة. هذا الأمر ينطبق خاصة على الآيات التي حصلت أثناء استراحة السبت، مثلاً:

بعد طرد الباعة من الهيكل (٢: ١٣-١٧)، طلب اليهود من يسوع تبرير ما قام به: «أرِنا آيةً تجيزُ عَمَلَك هذا؟» (٢: ١٨). إن شفاء مفلوج عند بركة بيت حسدا، يوم السبت (٥: ١-٩) أثار غضب اليهود، وصار مناسبة لمناظرة حادَّة (٥: ١٠-١٨)، ولاسترسال يسوع في كلامه مبرّراً تصرّفه ومعدِّداً الأسباب التي جعلته يفعل ما فعل رغم احتجاج اليهود (٥: ١٩-٤٧). نجد الأسلوب القضائي مجدَّداً في الفصل ٩ حيث تكثر الاستجوابات والشهادات. إن بعض الأمثلة الأخرى توضح الاتهامات الحادة المتبادلة بين اليهود من جهة، وما ورد في خطب يسوع من جهة ثانية. ولكن يسوع يلجأ، لتأكيد موقفه، إلى سلطة الآب الذي أرسله (راجع ٧: ١٤-٢٤)، ويبين توافق أفعاله مع الكتب المقدَّسة (راجع ٧: ١٤-٢٤).

إن نقل الكلمة الموحى بها يجري في جوّ من عدم التصديق والاعتراض والعداء. ليست الشهادة، بمعناها الحرفي، سوى إعلان يتناول شخصاً ما. ولكن هذا الإعلان البسيط يصبح شهادة بحد ذاته، لأنه يظهر معنى العمل الذي يقوم به يسوع ويكشف سرَّه. بالإضافة إلى ذلك، فإن نقل الوحي يصطدم باعتراض الناس، لذلك تأتي كلمة الشاهد لتدعم قضية يسوع، فتظهر والحالة هذه، كدعوة إلى الإيمان، موجَّهة إلى هذا المحيط الذي يصعب إقناعه.

إن تقديم الحجج والبراهين هو عنصر ثابت في إنجيل يوحنا، ويكوّن إطاراً لمناظرة أو تنازع نتوقّع فيها أن نرى شهوداً مدعوين ليشهدوا لصالح يسوع وتأكيداته، وشهوداً كذلك أمام آخرين يشهدون ضدَّه.

ب- اللغة والمفردات

نلاحظ غزارة المفردات ذات اللون القضائي مثل: يشكو Katégorein (وردت مرتين في ٥: ٤٥)، شكوى Katégoria (٨: ٦؛ ١٨: ٢٩)؛ نصير، محامي Paraklétos (وردت ٤ مرات[١٣]). يدين Krinein (وردت ١٨ مرّة[١٤])؛ دينونة Krisis (وردت ١١ مرة[١٥])، ردّ apokrisis، منصّة، مكان المحاكمة «البلاط» Béma (١٩: ١٣)؛ جدال، مناظرة zétésis؛ أقرَّ، إعترفَ homologuein (٤ مرّات[١٦])، ذنب aytia (٣ مرات[١٧])، شقاق skhisma (٧: ٤٣؛ ٩: ١٦؛ ١٠: ١٩)، أقنعَ élénkhein، أظهر ذنب فلان، حاكم (١٦: ٨)، نفى، رفض arneisthia، وكذلك شهادة marturia وشهد marturein.

لا يتّهم يسوع اليهود أمام الله، فوسيطهم موسى «سيشكوهم» (٥: ٤٥). واليهود، من جهتهم، كانوا يبحثون عن سبب ليشكوا يسوع (٨: ٦)، وكان عليهم أن يجيبوا على سؤال بيلاطس: «بماذا تتّهمون هذا الرجل؟» (١٨: ٢٩). ولكن

---

[١٣] - وتستعمل دائماً للإشارة إلى الروح القدس: ١٤: ١٦و ٢٦؛ ١٥: ٢٦؛ ١٦: ٧.

[١٤] - ٣: ١٧؛ ٣: ١٨ (مرتان)؛ ٥: ٢٢؛ ٥: ٣٠؛ ٧: ٢٤ (مرتان)؛ ٨: ١٥ (مرتان)؛ ٨: ١٦؛ ٨: ٢٦؛ ١٢: ٤٧ (مرتان)؛ ١٢: ٤٨ (مرتان)؛ ١٦: ١١؛ ١٨: ٣١.

[١٥] - ٣: ١٩؛ ٥: ٢٢ و٢٤ و٢٧ و٢٩ و٣٠؛ ٧: ٢٤؛ ٨: ١٦؛ ١٢: ٣١؛ ١٦: ٨؛ ١٦: ١١.

[١٦] - ١: ٢٠ (مرتان)؛ ٩: ٢٢؛ ١٢: ٤٢.

[١٧] - ١٨: ٣٨؛ ١٩: ٤ و٦.

بيلاطس، بعد أن استجوب يسوع، أعلن لثلاث مرات أنه «لا أجد سبباً للحكم عليه» (١٨: ٣٨؛ ١٩: ٤ و٦). وفي مرات متعدّدة، حصل شقاق بين اليهود الذين لم يتوصّلوا إلى اتفاق بخصوص يسوع (راجع ٧: ٤٣؛ ٩: ١٦؛ ١٠: ١٩).

يحفظ الإنجيل الرابع حق الدينونة (krisis) ليسوع، وهذا يبدو من استعمال الفعل دان (krinein) ويدين. فالابن الذي أرسله الآب، لم يأتِ ليدين العالم، بل ليخلّصه (٣: ١٧؛ ١٢: ٤٧). إن الأب «جعل الدينونة كلّها للابن» (٥: ٢٢)، وإذا دان «فحكمه صحيح» (٨: ١٦؛ راجع ٥: ٣٠)، على عكس أخصامه الذين يدينون «بمقاييس البشر» (٨: ١٥؛ راجع ٧: ٢٤). إن حضور يسوع في العالم هو (eis krima) من أجل «دينونة» و «تمييز» (٩: ٣٩). أعلن يسوع، عندما خاطب نيقوديموس: «وهذه الدينونة هي أنّ النور جاء إلى العالم، فأحبّ الناس الظلام...» (٣: ١٩). إن دور الروح القدس يحمل أيضاً معنى قضائياً في إنجيل يوحنا. فالروح القدس يدعى «النصير» أو «المحامي»، وعمله متناسب مع هذا المعنى: «ومتى جاء وبّخ العالم على الخطيئة والبرّ والدينونة» (١٦: ٨)، «وأمّا على الدينونة، فلأنّ سيّد هذا العالم أُدين وحُكِمَ عليه» (١٦: ١١؛ راجع ١٢: ٣١).

إن لائحة هذه التعابير المدعومة بأمثلة وشواهد كثيرة، تجعلنا نفهم أن عمل يسوع، بالنسبة لكاتب الإنجيل، يحصل في إطار من الاعتراض والمدافعة.

ج- أبطال المحاكمة

إن بطَل هذه المحاكمة هو يسوع المرسَل من الله من جهة، والعالم من جهة أخرى. نرى يسوع دائماً في حالة تنازع مع اليهود. إن الشهود لقضية يسوع هم يوحنا (المعمدان)[١٨]، الكتب، والأقوال والأفعال التي قام بها يسوع، وبعد ذلك، الرسل والروح القدس. وبالمقابل نجد العالم الذي يمثله اليهود غير المؤمنين بيسوع. وهؤلاء يمثلون، في هذا الإطار، مجموع العالم المعادي المنغلق بوجه بشارة المسيح، والباقي في الظلمات. إن هذا الرفض يؤدي إلى الدينونة.

إن كلمة kosmos «عالم» ليست ذات معنى سلبي دائماً في الإنجيل الرابع. فهي تعني الكون (١٧: ٥ و٢٤) أو الأرض مسكن البشر (١١: ٩؛ ٢١: ٢٥)، وتعني أحياناً الجنس البشري (١: ٩ و١٠ و٢٩؛ ٣: ١٦ و١٩؛ ٤: ٤٢؛ ٦: ١٤ و٢٣ و٥١؛ ٨: ١٢؛ ٩: ٥؛ ١١: ٢٧، ١٢: ٤٦ و٤٧؛ ١٦: ٢١؛ ١٧: ٢١ و٢٣). إن هذا العالم هو موضوع محبة الله (٣: ١٦)، وهو أيضاً هدف رسالة الابن (٣: ١٧؛ ١٠: ٣٦؛ ١٦: ٢٨؛ ١٧: ١٨؛ ١٨: ٢٠ و٢٧). أما في بعض مقاطع الإنجيل، فكلمة «عالم» تدل على مجموعة البشر الذين يرفضون قبول الله

---

١٨ - شخص واحد، في إنجيل يوحنا، يحمل اسم «يوحنا»، وهو يعني (المعمدان) دائماً. ولكن الإنجيلي لا يطلق عليه هذا اللقب أبدا. ومع أنه يشير إلى نشاطه العمادي، فهو يفضّل التحدث عنه كشاهد. وخلال دراستنا هذه، وللتمييز بين الإنجيلي وبين يوحنا، فإننا نستعمل عبارة «يوحنا (المعمدان)».

ويلاحقون باحتقارهم يسوع وتلاميذه (٧: ٧؛ ١٥: ١٨ و١٩؛ ١٧: ١٤). المقصود، في هذا المعنى الأخير، هو العالم الخاضع لسلطة الشيطان، «سيّد هذا العالم» (١٢: ٣١؛ ١٤: ٣٠؛ ١٦: ١١). يوجد تعارض بين هذا العالم وبين يسوع الآتي «من فوق» (٨: ٢٣؛ ١٧: ١٤). إن يسوع في حالة تنازع مع العالم الذي «أبغضه بلا سبب» (١٥: ٢٥؛ راجع مز ٣٥: ١٩؛ ٦٩: ٥).

إن المحاكمة في الإنجيل الرابع تذكّرنا بموضوع المناظرة التي نجدها في أشعيا ٤٠-٥٠، بين الله والأصنام، وهي في النهاية خصام بين الله وشعبه الذي خانه باتِّباعه الآلهة الكذبة: «قَدِّموا دعواكم يقول الربّ وحُجَجَكُم يقول ملك يعقوب» (أش ٤١: ٢١). إن الله خالق العالم وسيد التاريخ (راجع أش ٤٤: ٢٤ - ٢٨)، يذكِّر شعبه، من خلال كلمات أشعيا النبي، بما صنع لهذا الشعب، وبالتحرير الذي حققه له (راجع أش ٤٣: ١-٧)، ويدعو هذا الشعب إلى تصحيح وضعه: «اجتمعوا يا كلَّ الأمم... أين شهودُهم يُبَرِّرون دعواهم، فنسمع ونقول: هذا حقٌّ!» (أش ٤٣: ٩). يصبح هذا الموضوع مسيحانيّاً، في إنجيل يوحنا: يعلن الله ذاته بيسوع، ويؤيد رسالته بآيات تخبر عن مجده؛ وها إن اليهود يعارضون يسوع، وعليه أن يواجه هذه القضية، على مدى الإنجيل كله.

إن أسلوب يوحنا التهكّمي، حقّق تحولاً عظيماً في الأدوار وتبدلاً لها: فيسوع الذي اتهمه اليهود وحكموا عليه، هو في الواقع صاحب السلطان الذي يحكم. وقد أُعطي له هذا السلطان من الآب (٥: ٢٢).

نلاحظ كذلك، أن حضور المسيح ذاته في العالم، هو دينونة[١٩]. وهذه الدينونة هي نتيجة رفض العالم للمسيح، لأن يسوع لم يأتِ ليدين العالم، بل ليخلِّصه (٣: ١٧). إن لقاء يسوع مع البشر، ومواجهة هؤلاء للكلمة يُلزمهم بالاختيار بين الوقوف مع المسيح أو ضدَّه، وبهذه الطريقة يدينون أنفسهم[٢٠].

إن الأشخاص المدعوين للإدلاء بشهادتهم في القضية، شهدوا لمصلحة المسيح. إن فكرة الدفاع والمرافعة شديدة الحساسية والدقّة، وسط بيئة معادية.

نلاحظ أن المشاركين في القضية هم، في الوقت عينه، شهود ومدافعون. وهكذا، فإن يوحنا (المعمدان) هو شاهد للمسيح (١: ٨ و١٥). ولكنه يحاول أيضا إقناع سامعيه ليقودهم إلى الإيمان (١: ٧). ويسوع يشهد بما رأى وسمع من لدن الآب (٣: ١١ و٣٢؛ ٨: ٢٦). يعرض يسوع قضيته تكراراً ويدعمها بحجج كثيرة ليردّ على اتهامات أخصامه له (٥: ٣٠ - ٤٧؛ ١٠: ٣٢ - ٣٨). وكذلك يقوم الروح القدس بدور مزدوج، هو دور الشاهد والمدافع (١٤: ١٦؛ ١٥: ٢٦؛ ١٦: ٨ - ١٥).

حتى بيلاطس نفسه يقوم بدور شاهد ومدافع. إنه مقتنع ببراءة يسوع، وببطلان الاتهامات التي ساقها اليهود ضدَّه. فهو يعلن ثلاث مرات متتالية براءة يسوع (١٨: ٣٨؛ ١٩: ٤ و٦)، ويقترح على اليهود أن يطلقوا سراحه (١٨: ٣٩-٤٠)،

---

[١٩] - قال يسوع: «جئت إلى هذا العالم للدينونة...» (يو ٩: ٣٩). «وهذه الدينونة هي أنّ النور جاء إلى العالم، فأحبَّ الناس الظلام بدلاً من النور لأنّهم يعملون الشرّ». (يو ٣: ١٩).

[٢٠] - «فمن يؤمن بالابن لا يُدان. ومن لا يؤمن به دِينَ، لأنّه ما آمنَ بابن الله الأوحد» (٣: ١٨).

ثم يحاول أن يترك لليهود إمكانية مقاضاة يسوع ومحاكمته (١٩: ٦). وبعد ذلك، سيرفض تغيير مضمون الكتابة التي عُلِّقت على الصليب: «يسوع الناصري، ملك اليهود» (١٩: ١٩-٢٢)، وهذا الأمر بحد ذاته يشكِّل شهادة لصالح ملوكية يسوع، أقلّه في تفكير الإنجيلي وقرّائه.

في الواقع، تمكّن يسوع، من على صليبه، أن يجتذب البشرية كلها إليه (راجع ١٢: ٣١-٣٣) لأنه تغلّب على «سيّد هذا العالم» (الشيطان)، وحرَّر «العالم» من سيطرته. سيتذكر القارئ المتنبِّه أيضاً، قول يسوع: «متى رفعتم ابن الإنسان عرفتم أني أنا هو...» (٨: ٢٨). أتمّ يسوع، ابن الإنسان، على الصليب مهمتَّه كديّان وكملك.

د- موضوع المحاكمة

إن موضوع هذا النقاش هو مسيحانيّة يسوع وبنوَّته الإلهية (يو ٢٠: ٣١؛ راجع ٣: ١٥-١٦). أعلن يوحنا المعمدان أمام كهنة ولاويين أنه ليس المسيح (١: ٢٠؛ ٣: ٢٨). وقد ناقش موضوع مسيحانيّة يسوع كل من الشعب (٧: ٢٥-٣١ و٤٠-٤٣؛ ١٢: ٣٤)، والسلطات اليهوديَّة (١: ١٩؛ ١: ٢٤-٢٥)، والسامريّين (٤: ٢٥و ٢٩). وقال التلاميذ الأوائل معترفين: «وجدنا المسيّا، أي المسيح» (١: ٤١). وبعد ذلك بقليل حُرِمَ الأعمى الذي شفاه يسوع من «الشراكة في الدين اليهودي»، لأنه أدلى بالاعتراف عينه، «لأن (اليهود) اتّفقوا على أن يطردوا من المجمع كلّ من يعترف بأنّ يسوع هو المسيح» (٩: ٢٢). إن استعمال لقب المسيح

Christos يدلنا على مقدار اهتمام يوحنا بإظهار يسوع أنه المسيح؛ فهذا الأمر هو أسمى اهتمامات الإنجيلي[٢١].

إن «الإيمان» هو موضوع أساسي في الإنجيل الرابع. فالأناجيل الأخرى لم تتضمن هذا التعبير بمقدار ما تضمَّنه إنجيل يوحنا pisteuein (٩٨ مرَّة). يتمحور هذا التعبير عادة حول المسيح[٢٢]. فالشهود هم مؤمنون أعلنوا إيمانهم، ودعوا السامعين إلى السير على خطاهم واعتناق الإيمان عينه. ليس هذا الأمر مستغرباً، نظراً للطابع القضائي للإنجيل الذي يبغي إظهار أن يسوع هو المسيح، وابن الله[٢٣].

هـ- تُسهم الآيات في إظهار هوية يسوع

إن الأدلة في محاكمة ما، لها دور هام في تأكيد أقوال المتّهم أو للدلالة على أن الاتهامات لا ترتكز على أساس متين. و«الآيات» sémeia التي قام يسوع بإنجازها، تُعتبر علامات تدعم كلمات المسيح وشهادته.

---

[٢١] - يعكس هذا الاهتمام وجهة نظر الجماعة المسيحية. كان النقاش يدور، في زمن يسوع، حول صفته كنبي بشكل عام.

[٢٢] - انظر مثلاً: ٣: ١٦؛ ٤: ٣٩؛ ٦: ٢٩؛ ١٢: ٤٤؛ ١٧: ٢٠.

[٢٣] - «والذي رأى هذا يشهد به، وشهادته صحيحة، ويعرف أنه يقول الحق حتى تؤمنوا مثله» (يو ١٩: ٣٥).

يعطينا نيقوديموس مثلاً جيداً على ما سبق. فقد أقرّ أن يسوع هو «المعلم» الآتي من عند الله. «فلا أحد يقدر أن يصنع ما تصنعه من الآيات إلا إذا كان اللهُ معه» (٣ : ٢). وكذلك، تبعت الجموع يسوع: «لأنّهم رأوا آياته في شفاء المرضى» (٦: ٢؛ راجع ١٢: ١٧-١٨). يدرك الإنجيلي القدرة على الإقناع، الكامنة في الآيات، ولذلك أعلن الأعمى منذ ولادته: «كيف يقدر رجلٌ خاطئٌ أن يعمل مثل هذه الآيات؟» (٩: ١٦). ونقرأ أيضاً: «ولولا أنّ هذا الرجل من الله، لما قدر أن يعمل شيئاً» (٩: ٣٣).

بالنسبة لرؤساء الدين اليهود، المتشبّثين بعدم إيمانهم، كانت الآيات مصدر إرباك لهم: «وقالوا: ماذا نعمل؟ وهذا الرجل يصنع آيات كثيرة. فإذا تركناه على هذه الحال آمن به جميع الناس...» (١١: ٤٧-٤٨). إن الطابع الشعبي للآيات يدعم صدقيّتها، ويجعل الاعتراض عليها صعباً؛ وهذا الأمر يضخِّم مسؤولية اليهود الرافضين الاعتراف برسالة الآيات.

و- فرائض الشريعة

يهتم يوحنا كثيراً باحترام شريعة العهد القديم الذي ينص على أن كل شهادة يجب أن تكون مدعومة بتأكيد شاهدين لتصبح مقبولة. نجد هذه الشريعة في سفر تثنية الإشتراع: «لا تثبت شهادة شاهدٍ واحد على أحدٍ في شيء من الذنوب والجنايات التي يرتكبها، لكن بشهادة شاهدين أو ثلاثة شهود

تثبت الشهادة» (تثنية ١٩: ١٥)[٢٤]. لا يهتم يوحنا في إنجيله بالإقناع في خطأ أو جريمة ما، بل يهتم بتثبيت الحقيقة.

يحاول الإنجيلي، في مقاطع عديدة، أن يوضح قضيته، داعماً تأكيداته بشاهدين. نجد مثلاً في الفصل الأول يوحنا (المعمدان)، والتلاميذ الأوائل (راجع ١: ١٩-٣٥ و١: ٤١ و٤٥ و٤٩). ويقدِّم الفصل الثاني شاهدين منفصلين لتأكيد حقيقة آية يسوع الأولى (رئيس الوليمة والخدم، راجع ٢: ٩-١٠). وفي الفصل الخامس نجد مجدَّداً شهادة «المعمدان»، مع شهادة الآيات والكتب (٥: ٣١-٤٧). وفي الفصل الثامن ينضمُّ الآب إلى الشهادة التي أعطاها يسوع لنفسه: «وفي شريعتكم أنّ شهادة شاهدين صحيحة: فأنا أشهد لنفسي، والآب الذي أرسلني يشهد لي» (٨: ١٧-١٨). وقد حضر ملاكان عند باب القبر الفارغ في الفصل ٢٠ (وذلك قبل ظهور المسيح لمريم المجدلية ٢٠: ١٢)، بينما ذكر إنجيل مرقس ملاكاً واحداً (مر ١٦: ٥).

إن الإنجيلي، بمحافظته على الشريعة، كان أكثر صدقيَّة، ولم يعد بإمكان أخصامه الاعتراض على ما كتب.

---

[٢٤] - يردِّد العهد الجديد صدى هذا المبدأ الشرعي: راجع متى ١٨: ١٥-١٧؛ ٢قور ٣: ١؛ ١طيم ٥: ١٩؛ وبعض النصوص الأخرى توسِّع حقل تطبيق هذا المبدأ: تستعمل الشهادة المزدوجة لتأكيد الأعمال الحسنة التي يقوم بها إنسان راجع أع ٥: ٣٢؛ عبرا ٢: ٣-٤؛ رؤ ١١: ٣.

ز- غياب الشهود خلال المحاكمة

نجد في الأناجيل الإزائية[٢٥] اتهامات يتقدم بها شهود كذبة، في القضية المرفوعة ضد يسوع. أما غياب الشهود الكذبة في الإنجيل الرابع فهو أمر ملحوظ ولا يمكن اعتباره عارضاً؛ في الواقع، طلب يسوع من عظيم الأحبار أن يسأل الشهود بصراحة: «كلّمت الناس علانية وعلّمت دائماً في المجامع وفي الهيكل حيث يجتمع اليهود كلّهم، وما قلت شيئاً واحداً في الخفية. فلماذا تسألني؟ إسأل الذين سمعوني عمّا كلّمتهم به، فهم يعرفون ما قلت» (١٨: ٢٠-٢١). لم يرُدَّ عظيم الأحبار على التحدّي الذي أطلقه يسوع.

كذلك قال يسوع للحارس الذي صفعه: «إن كنت أخطأتُ في الكلام، فقلْ لي أين الخطأ؟ وإن كنتُ أصبتُ، فلماذا تضربني؟» (١٨: ٢٣). لم يُستدعَ أي شاهد أمام قوس المحكمة. أشار يوحنا إلى أن يسوع ربح الدعوى المرفوعة ضدَّه؛ فبيلاطس نفسه أكَّد براءة يسوع ثلاث مرات (١٨: ٣٨؛ ١٩: ٤ و٦). وهكذا، بحسب الأصول القانونية في العهد القديم[٢٦] وانسجاماً مع الممارسة الرابّينية[٢٧]، يكون الحكم على يسوع بالصلب مخالفاً للشريعة، وهو انحراف في العدالة: لم يقم اتهام ضدَّه وليس هناك من سبب للحكم عليه (١٨: ٢٩ و٣٨).

---

[٢٥] -راجع مر ١٤: ٥٥-٦٠؛ متى ٢٦: ٥٩-٦٢.

[٢٦] -راجع لاوي ١٩: ١٥؛ تثنية ١: ١٦-١٧؛ ١٧: ٤؛ يو ٧: ٥١.

[٢٧] - قِدّوشين ٦٥ ب.

ح- غياب المثول أمام السلطات اليهودية

لماذا لم يتحدث يوحنا عن «المحاكمة لدى السلطات» اليهودية بعد توقيف يسوع، ولا عن استجواب مجلس الأحبار له[٢٨]؟ لا شك أن يوحنا كان على علم بمثول يسوع أمام السلطات اليهودية، والأهمية التاريخية والقانونية لهذا المثول؛ ولكنه مع ذلك، انتقل فوراً إلى سرد وقائع المحاكمة الرومانية، بعد الإشارة، بصورة عابرة، إلى إرسال يسوع إلى حنَّان ثمَّ إلى قيافا[٢٩]. إن قصة الاستجواب الذي قام به حنّان (١٨: ١٩-٢٣)، هي خاصة بيوحنا ولا يمكن اعتبارها قضية عادية. إن هذا الاستجواب شكلي فقط. فيجب ألا ننسى أن حنَّان لم يعد يشغل أية مهمة رسمية، ولكنه كان «حمو قيافا، رئيس الكهنة في تلك السنة» (١٨: ١٣ و٢٤)[٣٠].

---

[٢٨] - الأناجيل الإزائية تتحدث بالتفصيل عن هذا الأمر: متى ٢٦: ٥٧ - ٦٨: مر ١٤: ٥٣-٦٥؛ لو ٢٢: ٦٦-٧١.

[٢٩] - أن الإشارة إلى قيافا تتيح أمام الإنجيلي الفرصة لتذكير قرائه «بنبوءة» كبير الكهنة حول موت يسوع فداء عن الشعب (١١: ٥٠-٥١ تكررت في ١٨: ١٤).

[٣٠] - ولكن هذا التعريف ليس واضحاً، ففي يو ١٨: ١٣، حنَّان هو حمو رئيس الكهنة، أما في ١٨: ٢٢ فإن الحارس قال ليسوع بخصوص حنان: «أهكذا تجيبُ رئيس الكهنة؟»، وبعد ذلك، في ١٨: ٢٤ «فأرسله حنّان موثقاً إلى قيافا رئيس الكهنة». يمكن أن يكون هذا الالتباس دلالة على اختلاط تقليدين مستقلين في هذا النص.

يجب ألا ننسى، أن أعيان اليهود كانوا قد توافقوا، وقرّروا قتل يسوع (١١: ٤٥-٥٣). ولكنهم لم يستجوبوه، خلافاً لما لفت نيقوديموس نظرهم إليه سابقاً: «أتحكُمُ شريعتُنا على أحدٍ قبل أن تسمعَه وتعرفَ ما فعل؟» (٧: ٥١). إذاً عندما اقتادوا يسوع إلى المحكمة الرومانية، لم تعد هناك حاجة لأن يجتمعوا من جديد: فقد صدر حكمهم سلفاً! ولكِنّ هذه المحاكمة يمكن بصعوبة أن تسمّى بالفعل «محاكمة»؛ إنها بالأحرى «مؤامرة».

أما بالنسبة للإزائيين، فإن الموضوع الأساسي للاستجواب في المجمع هو مسيحانية يسوع، وبنوّته الإلهية وتهديد الهيكل. لقد رأينا سابقاً كيف أنّ المناظرة بين يسوع ورؤساء اليهود تمتدّ على كل إنجيل يوحنا، ابتداءً من استجواب يوحنا (المعمدان) (١: ١٩) حتى اتخاذ القرار بقتل يسوع (١١: ٤٩-٥٣). إذاً، رأى يوحنا أن ذكر رواية «محاكمة أخرى» يهودية، هو أمر نافل. لذلك، نقل الإنجيل الرابع رواية «المحاكمة الرومانية» (١٨: ٢٨-١٩: ١٦أ) التي تحتل مكاناً مميزاً في كتاب الآلام. ففي هذا الكتاب نجد أيضاً المواضيع الأساسية للمناظرة بين يسوع وأحبار اليهود[٣١]، وهذه المواضيع عينها أصبحت أيضاً حجّة يسوع للحكم على أخصامه[٣٢].

---

[٣١] - إنها مواضيع مسألة هوية يسوع، وأصله (١٩: ٩) وبنوّته الإلهية (١٩: ٧).

[٣٢] - «فأجابه يسوع: ما كان لك سلطة عليّ، لولا أنّك نلتها من الله، أمّا الذي أسلمني إليك، فخطيئته أعظم من خطيئتك» (١٩: ١١).

إن التفسير الآخر الممكن لهذا الصمت ربَّما يكون التمييز بين المستوى التاريخي من جهة والمستوى اللاهوتي من جهة أخرى. فبينما نجد يسوع محكوماً عليه، في «المحاكمة» المعروضة أمام مجلس الأحبار، وذلك على الصعيد التاريخي، نجد عكس ذلك على الصعيد اللاهوتي. إن المحكومين الفعليين، بنظر يوحنا، هم الذين لم يقبلوا يسوع «نور العالم»، فرفضُهم للمسيح يشكّل حكماً عليهم بالذات. إن موت يسوع على الصليب سيكون حكماً مبرماً على العالم الذي رفض الحقيقة.

٢- دلائل كلمة «شهادة»

لكي نتمكّن من دراسة مفهوم الشهادة يجب أن نحدّد أولاً التعابير المستعملة لتوضيح هذا المفهوم وذلك بتحديد المواضع المختلفة التي وردت فيها كلمة «شهادة» في الإنجيل الرابع.

نجد في العهد الجديد كلمة شاهد martus (٣٥ مرّة)، وشهد marturein (٧٧ مرّة)، وشهادة marturia (٣٧ مرّة)، كما نجد مشتقات هذه الكلمات[٣٣].

يستعمل يوحنا الكلمات المشتقة من فعل «شهد» والاسم «شهادة»، بينما تغيب المفردات المشتقة من كلمة «شاهد»، وهذا يجعلنا نفهم أن يوحنا أكثر اهتماماً بفعل أداء الشهادة منه بالشخص الذي يؤدي الشهادة. بالواضح، الشهود متعددون في الإنجيل الرابع، ولكن شهاداتهم تتمحور حول شخص يسوع، وهذا ما يهمّ الإنجيلي.

---

[٣٣] - بالإضافة إلى الاستعمال اليوحنّويّ لهذه الكلمات، فإن لوقا يستعملها غالباً في إنجيله، وخاصة في أعمال الرسل.

سندرس أولاً المعاني المختلفة لكلمة شهادة، ودلالتها وتطورها، قبل أن نهتم بخصوصية هذا التعبير في الاستعمال اليوحنوي له. وبعد ذلك نتفحص أشكال الشهادات في الإنجيل الرابع.

أ- الدلالة الأصلية

تحتمل كلمة «شهادة» عدَّة معانٍ خاصةٍ، شديدة الترابط. فالشاهد، عموماً، هو شخص شاهَدَ بعض الأحداث، أو يعرف بعض الناس أو بعض الوقائع، فيصبح بالتالي قادراً على نقل ما يعرف إلى سواه. يتمتع الشاهد بتجربة مميَّزة، ويجعل الآخرين يشاركونه فيها، إذ ينقل علناً ما شاهد وسمع، وبالتالي، إن شهادته تصريح، إعلان، واعتراف. إن كلامه إظهار لما شهد من الأحداث التي لم يشهدها من يتوجّه إليهم، ولا يتمكنون من معرفتها إلا بواسطة شهادته.

إن الشهادة علاقة ثنائية بين الشاهد ومن يسمع شهادته. الشاهد رأى، والسامع لم يرَ، بل يسمع. وهذا الأخير يمكنه أن يصدِّق أو لا يصدِّق وقائع الأحداث التي ينقلها الشاهد.

من الواضح أيضاً أن الشاهد ليس مدوِّناً عادياً للأحداث. فهو لا يتوقّف عند إعلان مجرّد، بل «يشهد لصالح...»، إنه «يؤدّي الشهادة لـ...»، إنه يؤكد ارتباطه بالقضية التي يدافع عنها، بواسطة اعتراف علني بقناعاته.

من جهة أخرى، الشهادة عنصر مختصّ بالإطار القانوني. إنها في خدمة القضاء. وهي بهذا المعنى، تذهب إلى أبعد من سرد بسيط للوقائع، بهدف

الإعلام أو الإنشاء. إنها إقرار علني بقناعة حميمة عند الشاهد الذي يلتزم بكلامه من أجل الدفاع عن قضية يعتبرها عادلة. يدعى الشهود، في قضية ما، إلى التدخل ليصرّحوا عمّا يعرفون؛ ويمكن أن يكون هذا التصريح ضدَّ المتهم أو لمصلحته. لذلك، فالشهادة عنصر هام من الأدلة اللازمة لقضية معينة. قد يكون ربحُ قضية، أو خسارتها، مرتبطاً بهذه الشهادات.

لكن الشاهد لا يمكنه تقديم دليل محسوس، بحيث أنه يستطيع أن يستعيد أمام سامعيه الحدث الذي يشهد عليه، بالتعابير لا بالواقع. قناعته الخاصة وخبرته الشخصية هي الوسيلة الوحيدة التي يستعملها لنقل الحدث الذي يشهد له.

لا يقدم الشاهد، من تلقاء ذاته، للإدلاء بشهادته: فإما أن يُستدعى لأداء الشهادة، وإما أن يكون عازماً على أداء رسالة. وهذه عموماً، حالة الشهادة الدينية التي يرجع إليها الإنجيل الرابع. يُرسَل الشاهد ليشهد، فهو ليس سوى معلنٍ لواقع، ووسيط لإيصال كلمة أو حقيقة تتجاوزه وليست ملكاً له، ولكنه يقوم بهذه المهمة بحرية.

ب- الشهادة والوحي

المعنى الديني للشهادة يدخل في الإطار العام للدلالة الأصلية لكلمة «الشهادة». فنجد في هذا التطور بُعداً جديداً، لا يمحى منه المعنى الدنيوي، بل يُحفظ ويتنشَّط. في الواقع، تكتسب الشهادة معنى أغنى، ولكنه أكثر دقَّةً، عندما يكون موضوع هذه الشهادة محتوى الكتب الموحى بها. إن هذا المحتوى

حقيقة، بالنسبة إلى الإيمان، وهو «حدث» أنجزه الله. ولكنه حدث ذو مستوى سامٍ: فالمقصود هنا هو الوحي الذي لا يمكن إدراكه حسّياً، ولا يمكن أن نشهد عليه كشهادتنا على أحداث عادية من التاريخ. وفي هذه الحالة يكون موضوع الشهادة، الحقيقة الموحى بها. وبالتالي، نعبُر من الشهادة البسيطة على أحداث متداولة، إلى اعتراف إيماني. إن الشاهد هنا، معنيّ شخصياً، ونشاطه هذا يدخل في نطاق رسالة إلهية.

إن فكرة يوحنا عن الشهادة قريبة جداً من هذا المعنى الأخير، لأن موضوع هذه الشهادة هو يسوع وهويته وشخصه. المقصود دائماً شهادة تسمح بتقديم وحي في إنجيل يوحنا.

نجد في الإنجيل الرابع تعميقاً شديداً لمفهوم الشهادة، في علاقته بمفهوم الوحي. إن الاستعمال الخاص لتعابير الشهادة في إنجيل يوحنا، فيه بعض التمايز، خاصة عندما تتعلق الشهادة بيسوع.

ليس هدف الشهادة إثبات تاريخية وجود المسيح، أو تقديم تقرير عن الأحداث الهامة في حياته، كولادته وعماده وأعماله وموته وقيامته[٣٤]، إن المقصود هو جوهر وقيمة شخص المسيح، ابن الله الوحيد والمرسل من الآب إلى العالم، ليعرّف هذا العالم بالله، ويعلنه كما لم يفعل أحد سواه.

---

٣٤ - كما هي الحال في أعمال الرسل مثلاً.

ج- موضوع الشهادة

نجد في صميم إنجيل يوحنا سرَّ شخص يسوع المسيح. يرتكز جوهر الإنجيل الرابع على الوحي بأن ابن الله الأزلي هو الله ذاته. لا يهتم يوحنا كثيراً بأن يخبر عن أعمال يسوع وتعاليمه، بقدر ما يهتم بأن يعرّف الناس على من هو يسوع ومن أين جاء. تتخطّى الشهادات مجرّد الإشارة إلى تاريخية يسوع وتعاليمه وأعماله، لتكشف معنى هذه الأعمال والآيات والتعاليم!

هكذا فإن الشهادات كلّها تدور عملياً حول شخص يسوع، وحول طبيعته الخاصة، وعلاقته بالآب، ومجيئه إلى العالم، ورسالته، وعودته إلى الآب. ليس للشهادة موضوع واحد، كما في أعمال الرسل الذي يشدّد على حدث القيامة، بل انصبَّ اهتمام يوحنا على أن يظهر لنا يسوع ذاته الذي به أُوحي لنا العالم السماوي.

إن يوحنا المعمدان «جاء يشهدُ للنور» (١: ٧)، «شهد له يوحنا فنادى...» (١: ١٥). ويستعمل يسوع تعبير «أشهد لنفسي» في عدَّة نصوص[٣٥]. ويسري الأمر كذلك على الشهود الآخرين: الكتب المقدّسة (٥: ٣٩)، آيات يسوع وأعماله (٥: ٣٦؛ ١٠: ٢٥)، الآب (٥: ٣٢ و٣٧)، وروح الحق (١٥: ٦)، تشهد جميعها، كل على طريقته، ليسوع.

---

[٣٥] - ٥: ٣١ و٣٢ و٣٦ و٣٧ و٣٩؛ ٨: ١٤ و١٨؛ ١٠: ٢٥؛ ١٥: ٢٦.

إن «العجائب» في الإنجيل الرابع، وتسمى دائماً «آيات»، لا تبرز تعاطف يسوع مع المرضى وشفقته عليهم وحسب، كما كانت الحال في الأناجيل الإزائية. إن الآيات تُبرز بالأحرى قدرة الابن ومجده: تمَّ شفاء الأعمى منذ الولادة «حتى تظهرَ قدرة الله وهي تعمل فيه» (٩: ٣). وقيامة لعازر، هي أيضا آية تشهد لمجد يسوع: «ما هذا المرض للموت، بل لمجد الله. فبه سيتمجّد ابنُ الله» (١١: ٤).

د- «الشهادة» والتعابير المشابهة

د١- الشهادة، تصريح علني

إن الميزة الأساسية للشهادة هي أنها تصريح علني. فالشاهد مقتنع بحقيقة الوحي، ولا يسعه إلا أن يشهد له بتصريح علني[٣٦]. نلاحظ تقارباً بين فعل شهد (marturein) وفعل (krazein) «أعلن»، «صاح»[٣٧]. يرد هذا الفعل ٤ مرات في إنجيل يوحنا. وقد استعمل مرّة واحدة في تصريح يوحنا (المعمدان) (١: ١٥) «قال بصوت جهور». و٣ مرات في مقدمة كلام ليسوع (٧: ٢٨ و٣٧؛ ١٢: ٤٤).

---

[٣٦] - في هذا المجال، تقترب الشهادة اليوحنوية بعض الشيء من «إعلان الخلاص» الوارد في الأناجيل الإزائية.

[٣٧] - نجد هذه الأفعال ٥٥ مرّة في العهد الجديد: ١٢ مرّة في متى ١٠ مرّات في مرقس، و٣ مرّات في لوقا، وتضاف إليها ١١ مرّة في أعمال الرسل.

قال الإنجيلي عن يوحنا (المعمدان) الذي يشهد ليسوع: «شهد له يوحنا فنادى...» (١: ١٥).

شهد يسوع علنياً عن مصدره، ورسالته وهويته. ليعلن نفسه للعالم: «فقال يسوع بأعلى صوته وهو يعلّم في الهيكل: أنتم تعرفوني وتعرفون من أين أنا، لكنّي ما جئت من عندي. ذاك الذي أرسلني هو حقٌّ...» (٧: ٢٨). وفي جوابه على سؤال حنّان، ذكَّر يسوع بالطابع العلني لتصريحه: «كلّمت الناس علانيةً، وعلَّمت دائماً في المجامع وفي الهيكل، حيث يجتمع اليهود كلّهم، وما قلتُ شيئاً واحداً في الخفية» (١٨: ٢٠).

إن الطابع العلني للشهادة هو نتيجة الصلة القائمة بين الشهادة والوحي. فإذا كانت الشهادة أداة مميَّزة للوحي، يجب أن تكون علنية، للتمكن من بلوغ هدفها: «... حتى تؤمنوا مثله» (١٩: ٣٥).

د٢- الشهادة والاعتراف الإيماني

إن شهادة «المعمدان» تُعطى كاعتراف إيماني. ففي هذه الشهادة يؤدي الفعل marturein «شهد» معنى الفعل homologuein «اعترف»[٣٨]. ويتردّد هذا الفعل أربع مرّات في إنجيل يوحنا، وهو دائماً متصل بالمسيح:

---

[٣٨] - نجد هذا الفعل ٢٦ مرّة في العهد الجديد: ٤ مرّات في متى، مرّتان في لوقا، ويغيب عن إنجيل مرقس. ونجده في رسائل يوحنا ٦ مرّات.

«هذه شهادة يوحنا: ... فاعترف، وما أنكر، اعترف قال: «ما أنا المسيح» (١: ١٩-٢٠). لم يجرؤ أقرباء الأعمى الذي شفي أن يشهدوا ليسوع خوفاً من أحبار اليهود الذين «اتّفقوا على أن يطردوا من المجمع كلّ من يعترف بأنّ يسوع هو المسيح» (٩: ٢٢). وفي يوحنا ١٢: ٤٢ نجد التدبير ذاته الذي يجعل رؤساء اليهود يكتمون إيمانهم بيسوع.

أعلن التلاميذ الأوائل إيمانهم بيسوع الذي وجدوا فيه المسيح المنتظر (راجع ١: ٤١ و٤٥ و٤٩). اعترفت المرأة السامرية تدريجياً بإيمانها بيسوع[٣٩] ثم ذهبت تخبر مواطنيها عن الاكتشاف الذي قامت به، ودعتهم لكي يأتوا ويروا. صارت شهادة السامرية دعوة إلى الإيمان. كذلك اعترف الأعمى منذ الولادة بما حصل معه بجرأة وشجاعة أمام رؤساء اليهود، رغم خطر طرده من المجمع[٤٠] (٩: ٢٢).

---

٣٩ - قالت في البداية: «أرى أنك نبيّ، سيدي!» (٤: ١٩)، ثم تساءلت: «... فهل يكون هو المسيح؟» (٤: ٢٩) ويخبرنا يوحنا أخيراً: «فآمن به كثيرٌ من السامريّين في تلك المدينة، لأنّ المرأة شهدت فقالت...» (٤: ٣٩).

٤٠ - عند استجوابه بدأ يخبر ما حصل معه (٩: ١١) وقال إن يسوع، بالنسبة إليه: «إنّه نبيّ» (٩: ١٧)، وقد ردَّ على شتائم متّهِميه: «ولولا أنّ هذا الرجل من الله، لما قدر أن يعمل شيئاً» (٩: ٣٣). وبعد طرده من المجمع أعلن إيمانه بيسوع، ابن الإنسان: «آمنت، يا سيّدي» (٩: ٣٨). وسندرس هذه الشهادة في القسم الثاني.

إن فعل Arnéomai (نفى، أنكر)[٤١]هو فعل آخر يتعلق بمفهوم الشهادة في الإنجيل الرابع، حيث يرد ٤ مرات. نجده أولاً في شهادة يوحنا (المعمدان): «فاعترف، وما أنكر، قال: ما أنا المسيح» (١: ٢٠). ولكن هذا الفعل استُعمل أيضا في شهادة سمعان - بطرس «العكسية»: «أجابه يسوع: أمستعدٌّ أنت أن تموت في سبيلي؟ الحقّ الحقّ أقول لك: لا يصيح الديك إلاَّ وأنكرتني ثلاث مرّات». (١٣: ٣٨). وبالفعل بينما كان حنان يستجوب يسوع حول تلاميذه وعقيدته، كان سمعان - بطرس ينكر معرفته ليسوع وانتماءه إليه (١٨: ١٧ و٢٥ و٢٧).

د٣- الشهادة وعلاقتها بالفعل (تكلَّم، قال) (*Lalein*)

نجد في إنجيل يوحنا موازاة أخرى، خاصةً في موضوع شهادة يسوع، وهي التوازي بين فعل (شهد) وفعل (تكلّم، قال). ففي ٣: ١١، مثلاً قال يسوع لنيقوديموس: «... نحن نتكلّم بما نعرف، ونشهد بما رأينا، ولكنّكم لا تقبلون شهادَتَنا»[٤٢]. ومن الملفت أن يوحنا لا يستعمل هذا الفعل إطلاقا في حدث

---

[٤١] - وردت هذه الأفعال ٢٣ مرّة في العهد الجديد: ٤ مرّات في متى، مرتان في مرقس و٤ مرّات في لوقا.

[٤٢] - نجد الموازاة نفسها في الكلام على الروح المعزّي: «ومتى جاء المعزّي الذي أرسله إليكم من الآب، روح الحقّ المنبثقُ من الآب، فهو يشهد لي» (١٥: ٢٦). «فمتى جاء روح الحقّ أرشَدَكم إلى الحقِّ كلِّه، لأنّه لا يتكلّم من عنده، بل يتكلّم بما سمع ويخبركم بما سيحدث» (١٦: ١٣).

عادي. فقد استُعمل هذا الفعل ٤٧ مرَّة من أصل ٥٩، وكان يسوع هو المتكلِّم، أو كان الموضوع يورد كلمات يسوع: «فمن أرسله الله يتكلّم بكلام الله» (٣: ٣٤). من المؤكد أن فعل (قال، تكلم) ذو قيمة خاصة، بالنسبة ليوحنا، ويجري تطبيقه خصوصاً على نقل الكلمة الموحى بها.

د٤- الشاهد رأى وسمع

نجد الفعل (شهد) مرتبطاً، في حالات كثيرة، بالفعلين (رأى، سمع) (orao, theaomai). والتقارب بين هذه الأفعال يتأكد في شهادة المسيح: يسوع «الآتي من السماء، يشهد بما رأى وسمع» (٣: ٣١-٣٢). قال لنيقوديموس قبل ذلك: «نحن نتكلّم بما نعرف، ونشهد بما رأينا...» (٣: ١١)[٤٣].

بعد عماد ابن الله في الأردن، أعلن يوحنا (المعمدان): «وأنا رأيت وشهدت أنّه ابن الله» (١: ٣٤). وكذلك، قال الإنجيلي: «والذي رأى هذا يشهد...» (١٩: ٣٥). والرسل، الذين ظهر لهم المسيح القائم من الموت، أعلنوا فرحهم لتوما قائلين: «رأينا الرب» (٢٠: ٢٥). ما يراه الشاهد يترسّخ في ذهنه ويدفعه إلى الشهادة.

---

[٤٣] - انظر أيضاً ٨: ٢٦ و٢٨ و٣٨ و٤٠.

لكن العلاقة بين الرؤية والشهادة ليست نفسها في شهادة يسوع من جهة، وشهادات الناس من جهة أخرى. إن يسوع «شاهد عيان» على الحقائق السماوية، وشهادته وحي مباشر من لدن الله: «ما من أحدٍ رأى الله. الإله الأوحد الذي في حضن الآب، هو الذي أخبر عنه» (١: ١٨).

في هذا المجال، لا يملك الشهود البشريون الرؤية المباشرة لله التي يملكها يسوع. لقد شهد يوحنا (المعمدان) في نهر الأردن، لمسيحانيّة يسوع بعد أن رأى الروح القدس، في شكل حمامة، يهبط من السماء ويحلّ عليه (راجع ١: ٣٢-٣٤). بعد أن رأى يسوع مقترباً نحوه، سمّاه (حَمَل الله): «رأى يوحنا يسوع مقبلاً إليه...» (١: ٢٩)؛ «ونظر إلى يسوع وهو مارٌّ...» (١: ٣٦). إن يوحنا رأى يسوع الإنسان، ولكنه أعلن لسامعيه حقيقةً غير منظورة.

إن الحدث الذي رآه شاهد بشري، صار بالنسبة إليه علامة تدلُّ على واقع آخر منظور يتجاوز ما رآه. بالنسبة ليوحنا، لا يخبر الشاهد عن أحداث معيّنة وحسب، ولكنه يشهد بإيمانه[٤٤]. أمّا بعد القيامة، فقد صار الإيمان مبنياً على الشهادة أكثر مما هو مبني على الرؤية. إن توما، حتى بعد سماعه شهادة

---

[٤٤] - يوجد تقارب أكيد بين رأى وسمع وآمن. فالآيات التي صنعها يسوع دفعت الناس إلى الاعتراف به: «فلمّا رأى الناس هذه الآية التي صنعها يسوع قالوا: "بالحقيقة، هذا هو النبي الآتي إلى العالم!"» (٦: ١٤)، وسماع كلمات يسوع فتحت قلوب الجموع على الإيمان: «فقال كثيرون ممّن سمعوا كلام يسوع: "بالحقيقة هذا هو النبي". وقال غيرهم: "هذا هو المسيح"» (٧: ٤٠-٤١).

الرسل، أراد أن يرى ويلمس ليؤمن (٢٠: ٢٥). فدعاه يسوع ليقترب ويضع إصبعه في الجرح. ولكن توما لم يقترب ليلمس، بل اكتفى بأنه رأى يسوع، فأعلن إيمانه: «ربّي وإلهي!» (٢٠: ٢٨). فقال يسوع: «هنيئاً لمن آمن وما رأى» (٢٠: ٢٩). ومع ذلك، لا تفقد الرؤية أهميتها لأنها افتراض مسبق، ضروري للشهادة، ولكنها تتحوّل من رؤية خارجية وجسدية إلى رؤية باطنية وإيمانية.

٣- الشهادات المختلفة

في إطار المشروع الكبير الذي يعرضه إنجيل يوحنا، نلاحظ أن الإنجيلي، على رغم تآلفه مع العهد القديم، يتجنب استعمال الاستشهادات البيبليّة بكثرة، كشهادة تدعم قضيته. استعمل الإزائيون هذه الشواهد بكثافة، ولكن يوحنا عرف أن يستعمل هذه الفكرة من ضمن بنية النصوص، إما بإدخال استشهادات غير مباشرة، أو بتلميحات. ولكنه استعمل هذا الأسلوب محتفظاً ببعض الحرية، ومختاراً ما يخدم لاهوته. إن مفردات إنجيل يوحنا ولغته هي مفردات الترجمة السبعينية ولغتها. باستثناء ٢٤ لفظة خاصة بيوحنا وحده. هذه الخصوصية تبرز تآلف يوحنا مع الكتاب المقدس وبراعته في تذويب ما اكتسبه منها في فكرة مبتكرة مع بقائِه أميناً للتقليد.

يعرف الإنجيلي أن أخصام يسوع وغير المؤمنين يمكنهم أن يعطوا للاستشهادات تفسيراً مختلفاً عن تفسيره. ولكن بالمقابل، يُدخل يوحنا عدداً كبيراً من الشهود. يشهدون لصالح يسوع الناصري الذي اتهمه رؤساء اليهود. وهكذا تأتي الشهادات المعطاة لتؤيد أقوال يسوع وأعماله وتؤكد مسيحانيّته وبنوته الإلهية (راجع ٢٠: ٣١)، أكثر من الاستشهادات الكتابية.

إن هذا الاهتمام بتقديم شهود يبرز بوضوح منذ الفصل الأول، بإدخال يوحنا (المعمدان) في سياق المقدِّمة (١: ٦-٨ و١٥)، وبعرض عدد كبير من الأشخاص والأحداث ليشهدوا ليسوع، كل على طريقته. كل هذه الشهادات، ليست على مستوى واحد، ولكن توجد بينها نقطة مشتركة على الأقل: إن هدفها وموضوعها واحد، وهو التعريف بالمسيح.

أ- شهادة يوحنا (المعمدان)

يوحنا المعمدان هو الشاهد الأول والأهم من بين الذين شهدوا ليسوع. وبالفعل، فإن الإنجيل الرابع يركز بمجمله على هذه الشهادة بكثير من الإلحاح.

لا يهتم إنجيل يوحنا كثيراً بالمهمة الأساسية التي أعطتها الأناجيل الإزائية ليوحنا (المعمدان)[٤٥]، كنبي يُعدُّ طريق الرب، ويحضِّر قلوب سامعيه لاستقبال بشارة يسوع؛ ولذلك كان يعمّد ويدعو إلى التوبة. كان (المعمدان) في الإنجيل الرابع شاهداً، بكل بساطة.

---

[٤٥] - يهتم الإزائيون بتاريخ المعمدان: بدء رسالته، أسلوب عيشه، رسالته، قيامه بالمعمودية لمغفرة الخطايا والتوبة، ثم اعتقاله وقطع رأسه أثناء حكم هيرودوس أنتيباس (مر ١: ١٤؛ ٦: ١٤-٢٩؛ متى ٤: ١٢؛ ١١: ٢-١٥؛ ١٤: ١-١٢؛ لو ٣: ١٩-٢٠). وخلافاً لذلك، يركِّز يوحنا اهتمامه على شهادة المعمدان ليسوع.

سندرس شهادة يوحنا في القسم الثاني من هذا الكتاب، ونكتفي في هذا المقطع بالإشارة إلى الأماكن التي ظهر فيها المعمدان كشاهد، في الإنجيل الرابع.

يقدّم الإنجيل الرابع، في بدايته، المعمدان كشاهد (١: ٦: ٨ و١٥). واجهه رؤساء اليهود بأسئلتهم، فأدلى بالمناسبة بأول شهادة له (١: ١٩-٣٤)، ثم أشار إلى يسوع انه حمل الله، فتبعه اثنان من تلاميذه (١: ٣٥-٣٦).

يظهر يوحنا مجدداً في ٣: ٢٣، وهو يعمِّد في «عينِ نون» قبل أن يُلقى في السجن (٣: ٢٣-٢٤). وحصل جدال بين تلاميذه وأحد اليهود حول الطهارة[٤٦]، فأتوا يستشيرونه (٣: ٢٥-٢٦). وقد سبَّب هذا الحادث اعتراف يوحنا الأهم (٣: ٢٧-٣٦) الذي يتحدّث عن الصورة الرمزية للعروس. في العهد القديم تعطى صورة العرس للعلاقة بين الله وشعبه[٤٧]. يطبق يوحنا هذه الصورة على يسوع، ويُسرُّ لكونه صديق العروس. وبذلك يعلن الميثاق الجديد المبني على رباط الحب القائم بين المسيح (العريس) والشعب المسيحانيّ (العروس). يلي استحضار هذا الموضوع البيبليّ اعتراف إيماني بيسوع «الآتي من فوق». إنه المرسَل من الآب، وينطق بكلمة الله وهو الشاهد المباشر لها، «ويهب الروح بغير حساب»[٤٨].

---

٤٦ - من المرجح أن الجدال دار حول القيمة التطهيرية للعماد.

٤٧ - راجع أشعيا ٤٩:١٨؛ ٦٢: ٤-٥؛ ٥٤: ٥؛ هوشع ٢: إر ٢: ١-٢؛ ٣؛ ٣١: ٣٣؛ حز ١٦: ٢٣...

٤٨ - يمكن إدراج تفسيرين ل ٣: ٣٤. وردت في الترجمة المسكونية للكتاب المقدس: «فمن أرسله الله يتكلّم بكلام الله، لأنّ الله يهبُ الروحَ بغير حساب». وبالعكس جاءت الترجمة

ستصبح هذه الشهادة السبب اللاهوتي لتفوّق يسوع. والمعمودية التي أوصى بها، بالنسبة إلى معمودية يوحنا: «له أن يزيد، ولي أنا أن أنقص» (٣: ٣٠).

ثم إن يسوع ذكر يوحنا على أنه «شهد للحق» (٥: ٣٣)، مع أن شهادته ليست بأهمية شهادة الآب. وفي النهاية، جاء «كثيرون» إلى يسوع وآمنوا به لأنهم عرفوا صدق شهادة يوحنا لصالحه: «... ما عمل يوحنا آيةً واحدة، ولكن ما قاله في هذا الرجل كان كلّه صحيحاً» (١٠: ٤٠-٤٢).

إن مهمّة يوحنا (المعمدان) هي، بنظر الإنجيلي، أن يكون شاهداً. ولقد أرسله الله من أجل هذه الرسالة. ومحتوى شهادته هو أن يدلّ الناس على المسيح وجعلهم يتبعونه ويؤمنون به.

ب- شهادة الآيات

بعد شهادة (المعمدان) وشهادة التلاميذ الأوائل، يقدِّم لنا الإنجيلي شهادة آيات يسوع، ابتداءً من آية قانا. إن كلمة «آية» ذات قيمة كبيرة في التقليد اليوحنوي. نجدها ١٧ مرَّة في الإنجيل. يفضّل يوحنا كلمة «آية» على الكلمات الأخرى التي تستطيع أن تعبِّر عن أعمال يسوع، مثل: خوارق أو أعاجيب

الأورشليمية: «إن الذي أرسله الله ينطق بكلمات الله، لأنه يهب الروح القدس بغير حساب»، وهي الأصح، لأن يسوع هو الذي يعطي الروح في إنجيل يوحنا.

ومعجزات[٤٩]. اختار الإنجيلي بعض الآيات التي حصلت على مرأى تلاميذ يسوع، كما ذكر في نهاية إنجيله (٢٠: ٣٠-٣١)، وهذه الآيات كانت منشّطة للإيمان. والاختيار الذي قام به الإنجيلي للآيات، يدل على انه ينقل معناها البارز الذي يلقي الضوء على سرِّ يسوع. وهذه الآيات، في الواقع، تسهم في إظهار هوية يسوع، وتثبِّت التلاميذ وكل الذين تبعوه، وآمنوا به كمسيح، وكابن الله. يعرف يوحنا أن الآيات ليست ذات تأثير تلقائي في غير المؤمنين، أمّا المؤمنون فينتقلون منها، ليكتشفوا هويَّة يسوع الحقيقية.

نقدِّم فيما يلي أعمال يسوع التي أشار إليها الإنجيل حصراً «كآيات» باستثناء الفصل ٩، لأن آية شفاء الأعمى منذ الولادة، ستُدرس في القسم الثاني من كتابنا هذا.

ب١- الآية الأولى في قانا

إن آية قانا هي الأولى، بحسب الترتيب الزمني. ومن الواضح أن قصة عرس قانا آية تهدف إلى إظهار مجد يسوع: «فأظهر مجده، فآمن به تلاميذُه» (٢: ١١). ينكشف مجد يسوع بواسطة عملٍ بشريّ من أعماله.

---

[٤٩] - وردت كلمة (خوارق) مرَّة واحدة في الإنجيل الرابع، في ٤: ٤٨، وقد وضعت بموازاة (آيات).

يتذكر القارئ المتيقظ أن هذا المجد ذو علاقة بالبنوّة الإلهية: «... فرأينا مجده، مجداً يفيض بالنعمة والحق، ناله من الآب، كابنٍ له أوحد» (١: ١٤). فتحت هذه الآية أعين التلاميذ على حضور الله في يسوع، وأعلنت أن الميثاق القديم القائم على الشريعة قد استعيض عنه بميثاق جديد مبني على الحب. ترمز هذه الآية الأولى إذاً إلى الإنجاز الحاسم الذي قام به يسوع، وهو ميثاق الله مع شعبه.

ب٢ - شفاء ابن عامل الملك

تدل الآية الثانية[٥٠] التي قام بها يسوع في قانا الجليل (٤: ٤٦-٥٤)، أن كلمته ذات قدرة تحيي. إنها تحيي بالمعنى الفيزيولوجي أولاً، لأن ذلك الولد كان مشرفاً على الموت (٤: ٤٧)، وقال يسوع لوالد الصبي: «اذهب، ابنُك حيّ» (٤: ٥٠). إن كلمة يسوع، بنظر الإنجيلي، تنتصر على الموت. وبإعطاء الحياة الزمنية، ترمز الآية إلى الحياة بمعناها المطلق الذي جاء يسوع ليعطيها للبشر. وقادت هذه الآية عامل الملك، وكل أهل بيته إلى الإيمان بسرّ يسوع (٤: ٥٣)؛ و«ومن يؤمن بالابن، فله الحياة الأبدية» (٣: ٣٦).

---

[٥٠] - بحسب يو ٢: ٢٣؛ ٣: ٢؛ ٤: ٤٥، صنع يسوع آيات كثيرة. وكلمة «ثانية» تشير هنا إلى ترتيب الآيات التي اختار الإنجيلي أن يخبر عنها. (راجع ٢٠: ٣١).

ب٣- تكثير الخبز

يتضمن الفصل ٦ أربعة أحداث: آية تكثير الخبز (٦: ١-١٥)؛ السير فوق مياه البحر (٦: ١٦-٢١)؛ لقاء يسوع مجدداً مع الجموع وخطبته عن خبز الحياة (٦: ٢٢-٦٥)، ثم اعتراف بطرس (٦: ٦٦-٧١). يأتي اعتراف بطرس بعد مسيرة طويلة للجموع وخطبة طويلة ليسوع.

إن آية تكثير الخبز والسمك (٦: ١-١٥) لم تترك الناس غير مبالين: لقد رأوا في يسوع «النبي الآتي إلى العالم»، وبدأوا يستعدّون لاختطافه وجعله ملكاً (٦: ١٤-١٥). لم يتمكّنوا إذاً من فهم المعنى الحقيقي لهذه الآية التي تشهد أن يسوع هو الخبز النازل من السماء ليعطي الحياة للعالم، فهو المسيح[٥١] إذاً. وبالتالي، لم يتّضح معنى هذه الآية إلاّ مع ما أوحت به الخطبة (٦: ٢٢ - ٦٥). إن عطية الخبز جاءت موازية لعطية الخمر في قانا. ويذكّر خبز الحياة، الذي أعلن عنه الخطاب، بالماء الحي الذي وُعدت به السامرية. الخمر، والماء والخبز، رموز يوحنّويّة تكمل بعضها، لتعني، كل على طريقته، الحياة التي يعطيها يسوع للمؤمن.

إن السير فوق البحر (٦: ١٦-٢١) يوضح معنى آية تكثير الخبز. ففي وسط هذا المقطع نجد ما أعلنه يسوع في آ ٢٠: «أنا هو». هذا التعبير كان يطبَّق على الله وحده في العهد القديم، ويدل هنا على أن الله حاضر في يسوع،

---

٥١ - الخبز النازل من السماء وُضع في علاقة مع المنّ (راجع حز ١٦: ١-٣٢) الذي اعتُبر غذاءً للشعب المسيحانيّ (مز ٧٨: ٢٣-٢٤؛ ١٠٥: ٤٠؛ حك ١٦: ٢٠-٢٣).

ويشهد بالتالي لمصدر يسوع الإلهي، الخبز الآتي من السماء، ويقوي إيمان المسيحيين المتزعزع لأنهم ظنوا أنهم متروكون «لا تخافوا». إن مجيء يسوع فوق البحر، هو من الناحية البيبليّة تجلٍّ لألوهيته[٥٢] التي يمكن أن يعنيها الإنجيلي ضمناً في القول: «أنا هو».

وأخيراً يلخّص اعتراف بطرس (٦: ٦٦-٧١) الوحدة الأدبية للفصل ٦؛ يتناقض إيمانه مع رفض الأكثرية التي تخلّت عن يسوع وانقطعت عن مصاحبته (٦: ٦٦). يوضح سمعان بطرس مقوّمات الإيمان الحقيقي: ليس بمعرفة غامضة، بل بعلاقة وجودية كالعلاقة التي تجمع الراعي الصالح بخرافه (١٠: ١٤-١٥)، وذلك بحسب المعنى البيبلي لفعل "عرف" (راجع ٦: ٦٩).

---

[٥٢] -كما تدلُّ عبارة «لا تخافوا» المتداولة بكثرة في روايات التجلي الإلهي (راجع تك ١٥: ١؛ ٤٦: ٣؛ لو ١: ١٣ و٣٠)، وخاصة في الأدب الرابّيني: إن الله وحده يمشي على المياه: «لا مثل لك بين الآلهة يا رب، ولا مثل أعمالك» (مز ٨٦: ٨). «لماذا لا يشبّه بك أحد من بين الآلهة، يا رب؟ لا أحد يقدر أن يفعل ما يشبه آياتك». كيف ذلك؟ فما هو معروف منذ بداية العالم، أن الإنسان المخلوق من لحم ودم، يشقّ له طريقاً على الأرض؛ هل يقدر أن يشقّ طريقه على البحر؟ ولكن الأمر ليس كذلك بالنسبة إلى الله لأن الله يشقّ له طريقاً على الماء (راجع مز ٧٧: ١٩): «في البحر طريقك وسبلك في المياه الكثيرة وآثارك لم تعرف» مراجع مدرش "مِكِلْتَه" حول سفر الخروج ٢٥.

ب-٤- يسوع يُقيم لعازر من الموت

يخبر الفصل ١١، كيف أقام[٥٣] يسوع لعازر من الموت بعد دفنه بأربعة أيام، وفعل بذلك آية هي شهادة لأخصّائه من جهة، وإرباكاً لأخصامه من جهة ثانية. فمريم ومرتا وتلاميذ يسوع جميعهم شهود على هذه الآية (١١: ٧ و١٥-١٦) وكذلك الحال بالنسبة لجيران عديدين من اليهود الذين رافقوا مريم إلى المكان الذي دفن فيه لعازر. وحتى الفريسيّون الذين أخبرهم أحد اليهود الذي كان حاضراً بحصول الآية، لم ينفوا الحدث، حدث القيامة، بل لاحظوا أن «هذا الإنسان يأتي بآيات كثيرة»، ولذلك قرّروا التخلص منه (١١: ٤٧-٥٤).

تشهد هذه الآية المسيحانيّة ليسوع وسلطته على الحياة والموت، تماماً كما الله. ستكون هذه الآية الأخيرة حسب الترتيب الذي اختاره يوحنا قبل أن «تأتي ساعة» يسوع، وهذه الآية تبرز مجد الله وتمجيد الابن الوحيد (١١: ٤ و٤٠). إذا كانت كل قصص الآيات تظهر هذا الوجه أو ذاك من أوجه الخلاص الذي يقدمه يسوع للمؤمنين، وتتلاقى على الإفادة من رسالة الابن تجاه البشر، فإن قصة لعازر تلامس صميم الإيمان، لأنها تبين الانتصار على الموت، العدوّ

---

[٥٣] - إن كلمة «قيامة» المتداولة لوصف هذا النوع من الأعاجيب ليست موضوعية، لأنها بحسب المعطى البيبلي، مختصة بالمسيح الذي، بانتصاره على الموت، دشن القيامة الحقيقية التي هي عبور من الموت إلى الحياة الأبدية؛ من الأفضل استعمال كلمة «إحياء» في هذه الحالة.

الأكبر للإنسان. لا تعرض هذه الآية على القارئ الإيمان بيسوع كصانع معجزات خارقة، بل الإيمان بالمسيح الذي هو بالنسبة للبشر كلهم «القيامة والحياة».

أهمل الكاتب ذكر علامات الفرح بعد هذا الحدث، بينما استرسل في وصف حزن الشقيقتين في بداية القصة. يلفت هذا التفصيل الانتباه إلى دور الآية التي تسهم في الإيحاء بهوية يسوع وبرسالته، وتستحثّ الإيمان لدى يهود كثيرين كانوا يعاينون ما فعله يسوع (١١: ٤٥). بلغت الآية هدفها لدى من كانوا جاهزين للانفتاح على الرسالة التي تؤديها.

بالمقابل، تقبّل كبار الكهنة والفريسيّون واقعية هذه الآية، وآيات أخرى قام يسوع بها (١١: ٤٧)، ولكنهم لم يوظّفوا شهادة هذه الآيات لمصلحة يسوع. لقد قرّروا أن يُهلكوه «خير من أن تهلك الأمّة كلّها» (١١: ٥٠). لنلاحظ كيف فسَّر الإنجيلي هذا القول عن الموت، على ضوء مفهومه المسيحاني: «فتنبّأ (قيافا) أنّ يسوع سيموتُ فِدى الأمّة. ولكن لا فِدى الأمّة فقط، بل يموتُ ليجمعَ شملَ أبناءِ الله» (١١: ٥١-٥٢).

ج- شهادة الأعمال

يعدد يسوع، من الشهادات التي تشهد له، شهادة «أعمالي التي أعطاني الآب أن أعملها» (٥: ٣٦). إن الأعمال في الواقع مثلها مثل الآيات، تُسهم في

إظهار هوية يسوع[54]. إن كلمة ergon «عمل» ترد ٢٧ مرّة في الإنجيل الرابع، كما يرد الفعل ergazomai «عمل» ٨ مرات. ويوجد فرق بين الكلمة المفردة «عمل» في استعمالها اللغوي في الإنجيل (٦ مرّات)، وبين الجمع «أعمال» (١٢ مرّة).

ففي صيغة المفرد يهتم يسوع بالعمل بمشيئة من أرسله، وإتمام عمله (٤: ٣٤؛ ١٧: ٤). إن إتمام مشّيئة الآب هو إنجاز المخطّط الخلاصي بكل أتساعه (راجع ٣: ١٦-١٧). يستعمل الإنجيلي كلمة «عمل» مع الفعل «أتمَّ» الذي يدل على إنجاز العمل. سعى يسوع لإتمام هذا العمل طيلة حياته الأرضية؛ وأنجز ذلك نهائياً على الصليب: «تمّ كلّ شيء!» (١٩: ٣٠). نجد بعض التمايز في ٦: ٢٨-٢٩، ولكنه يكمل المعنى الأول لكلمة «عمل» المستعملة بصيغة المفرد: ردّاً على الجموع التي سألته: «كيف نعمل ما يريده الله (أعمال الله)؟»، قال يسوع: «أن تؤمنوا بمن أرسله الله: هذا ما يريده الله (أعمال الله)». إن جواب يسوع يدلّ على استحالة القيام بأعمال الله من دون الاتحاد بشخصه[55].

أما «الأعمال» بصيغة الجمع، فتدل على الأفعال التي قام بها يسوع لصالح الإنسان، مثل شفاء الأعمى قرب بركة سلوام (٥: ١-٩). وأعمال الآب

---

[54] - سنتحدث عن هذا الموضوع بالتفصيل لدى دراسة يو ٥: ٣١-٤٧ في القسم الثاني. ونشير هنا إلى بعض خصائص أسلوب يوحنا في استعمال (عَمَلٌ وعَمِلَ).

[55] - إن الاستعمالات الأخرى للكلمة هي بصيغة المفرد (٧: ٢١؛ ١٠: ٣٢ و٣٣) تمثّل حالات خاصة من الأعمال التي قام يسوع بها.

نفسها (٥: ١٧ و٣٦؛ ١٠: ١٤) تشهد على المصدر الإلهي ليسوع. إنها أعمال صالحة (١٠: ٣٢و ٣٣) خلافاً لأعمال العالم السيئة (٧: ٧). ومن جهة أخرى إن الاتحاد بيسوع إيمانياً سيسمح للتلاميذ بإنجاز أعمال تشبه أعماله، وحتى أعظم منها (١٤: ١٢).

د- شهادة الآب

ترتبط كل الشهادات، في النهاية، بشهادة الآب. فكل الشهود الآخرين لا يفعلون سوى نقل شهادة الله إلى البشر. إن هذه الشهادة الإلهية، التي يعبِّر عنها شهود متنوعون، والتي تبرز بكاملها في شهادة يسوع، تعطي لشخص يسوع كل سلطته، وتؤكّده كمسيح، أمام العالم.

تشكّل هذه الشهادة، مع شهادة الكتب المقدَّسة، موضوع دراسة مفصلة في القسم الثاني من هذا الكتاب.

هـ- شهادة المسيح

إن الشاهد الأهم والمثالي، في إنجيل يوحنا، هو المسيح. وشهادته هي الأهم، لأنه هو من يحمل إلى العالم الوحي النهائي، أي الحقيقة. إن التسليم المطلق للآب يشكّل الضمانة العظمى لرسالة يسوع. شهود كثيرون شهدوا ليسوع، وهو أيضاً يشهد لنفسه (٥: ٣١؛ ٨: ١٣ و١٤ و١٨). وهذه الشهادة اعتبرها أخصامه نقطة ضعفٍ عنده، من جهة الشريعة. وبالعكس، اعتبر يسوع شهادته

لنفسه مبرَّرةً بكونه يعرف من أين أتى والى أين هو ذاهب (٨: ١٤). وكذلك لأنه مدعوم بشهادة الآب والروح القدس، وكل الشهود الآخرين (٨: ١٨-١٩).

إن المسيح، الآتي من السماء، يشهد بما رأى (٣: ٣٢). وفي حالته هو، العلاقة بين الرؤية والشهادة أصلية مميزة. فوضعه مختلف عن وضع الشهود البشريين. لأن هؤلاء يشهدون بخصوص الأحداث والوقائع التي يعتبرونها آيات، والتي تفتح أمامهم منفذاً إلى واقع مخبأ في صميم الإيمان، أما يسوع فيشهد انطلاقاً من واقع مرئي منه وحده: «ما من أحدٍ رأى الله. الإله الأوحد الذي في حضن الآب، هو الذي أخبر عنه» (١: ١٨) وأيضاً «لا أنّ أحداً رأى الآب إلاَّ من عند الله: هو الذي رأى الآب» (٦: ٤٦). بالنسبة إليه، لا انفصال بين ما يراه وما يشهد به.

أن يشهدَ يسوع لذاته عمل يؤدي إلى كشف علاقته الوحيدة والمميَّزة مع الآب، ويجعل العالم يعرف أنه ابن الآب، ومرسَله الحقيقي ووحيه النهائي. إن الصلة بين الشهادة والوحي تبلغ ذروتها في شهادة يسوع.

قيامة يسوع

القيامة أكثر بكثير من مجرّد آية، فإن حدث القيامة يلقي الضوء على كل الآيات والأعمال التي قام بها يسوع. رسَّخت القيامة إيمان الرسل والمؤمنين، لأنها شهدت لمسيحانية يسوع، وبنوَّته الإلهية وصدقيَّة كلمته. وبالواقع، فإن

يسوع أعلن، خلال حياته الأرضية، أن ابن البشر عليه أن يتألم، ويموت، ويقوم في اليوم الثالث[٥٦]. إن القيامة تتمّم البشارة وتؤكد بذلك أقوال يسوع: «فلما قام من بين الأموات، تذكّر تلاميذه هذا الكلام، فآمنوا بالكتاب، والكلام الذي قاله يسوع» (٢: ٢٢). إذا بدت القيامة كإنجاز لمهمة يسوع في العالم، فالقيامة تفتتح أيضاً تاريخاً آخر، هو تاريخ التلاميذ بعد الفصح.

و- شهادة الروح

يشير يوحنا، مرات عدَّة في إنجيله، إلى دور الروح القدس كشاهد. إن شهادته تتمحور حول المسيح أساساً. إن فيض الروح القدس يتحقق مباشرة على يد الابن[٥٧] فوق الصليب وبالقيامة (١٩: ٣٠؛ ٢٠: ٢٢)، إنه روح الحق الذي سيشهد ليسوع (١٥: ٢٦)، ولكنه سيفعل ذلك مذكّراً بأقوال يسوع (١٤: ٢٦)، أي بإفهام معناها الحقيقي ومفعولها بكامله.

---

٥٦ - «قال يسوع، ملمحاً إلى موته وقيامته: «إهدموا هذا الهيكل، وأنا أبنيه في ثلاثة أيام» (٢: ١٩)، أنظر أيضا ١٢: ٢٣-٢٥ و٣١-٣٣.

٥٧ - إن الروح مرسل من الآب بناء لطلب الابن وباسمه (١٤: ١٦ و٢٦). في ١٥: ٢٦، يبقى مصدر الروح القدس من الآب، ولكن الابن هو من يوصله إلى الآخرين. أمّا في ١٦: ٧، فلم يذكر يسوع الآب: «... فإن كنت لا أذهب لا يجيئكم المعزّي. أمّا إذا ذهبتُ فأُرسِلُهُ إليكم».

إن الحقيقة التي يوحي بها ليست سوى وحي الابن (١٥: ٢٦)، أو وحي أقواله (١٦: ١٣-١٥).

تظهر العلاقة بين الروح وأقوال يسوع على دفعتين: في آ ٣٤ من الفصل ٣، «فمن أرسله الله يتكلّم بكلام الله، وهو يهب الروح بغير حساب»[٥٨]، وهذا ما يصف كلماته على أنها كلمات الله ذاته. وفي الفصل ٦: ٦٣، يشرح الإنجيلي، خلافاً لما يظن التلاميذ (آ ٦٠)، أن كلمات يسوع تحمل الروح القدس، من عَلُ إلى العالم.

إن شهادة الروح القدس، كباقي الشهادات، متصلة بما رأى وسمع وتلقى من الابن (١٦: ١٣-١٥). الروح القدس يشهد أمام التلاميذ لمجد يسوع: «سيمجّدني، لأنه يأخذ كلامي، ويقوله لكم» (١٦: ١٤).

إن الروح هو أيضاً البارقليط أو المعزّي الآخر في ١٤: ١٦، أي النصير، المحامي، والتعبير مستعار من الوسط القانوني والقضائي. لا داعي للتذكير بأهمية هذا التعبير في المحاكمة الكبرى التي يعرضها الإنجيل الرابع، والذي سيصبح أساسيا في إطار صراع التلاميذ مع «العالم». ففي الفصل ١٤، يدافع الروح القدس لصالح المسيح وتلاميذه في العالم: «ومتى جاء وبّخ العالم على الخطيئة والبرّ والدينونة» (١٦: ٨). يوحي الروح القدس لأعين التلاميذ بخطيئة العالم.

---

[٥٨] - راجع الهامش رقم ٤٨ بالنسبة لاختيار هذه الترجمة. كما نذكر أنّه، بحسب ١: ٣٣، لم ينزل الروح على يسوع وحسب، بل استقرَّ فيه.

يجعل هذه الخطيئة بارزة. وهي عدم استقبال وحي الله الآتي في شهادة يسوع المسيح (راجع ١٦: ٩)، وفي موضوع العدالة، يعلن الروح القدس (في إطار المحاكمة) انتصار يسوع الذي سيحتلّ مكانه مجدَّداً بجوار الآب (راجع ١٦: ١٠). ويبشِّر الروح القدس أيضاً بالدينونة ويشير إلى مَن هو الذي أُدين بالفعل: ظنّ العالم أنه دان يسوع إذ حكم عليه بالصلب، ولكن في الواقع، كان موت يسوع على الصليب إدانة صادرة بحق الشيطان «سيّد هذا العالم» (راجع ١٦: ١١).

ز- شهادة التلاميذ

إن مهمة الروح القدس هي إيصال التلاميذ إلى الحقيقة بواسطة الشهادة التي يحملها (١٦: ١٣). وهكذا نجد شهادة التلاميذ مرتبطة بعمل الروح القدس وشهادته. فالروح هو الشاهد، الذي بحضوره في التلاميذ وفي الكنيسة، يوفّر للمؤمنين الإمكانية والقوة للاعتراف بإيمانهم وللشهادة لصالح يسوع.

ز١- شهادة التلاميذ الأوائل

المثل الأول عن شهادة التلاميذ نجده في الفصل الأول من الإنجيل الرابع، إن شهادة «المعمدان» في بداية الإنجيل (١: ٣٢-٣٦) حقّقت أحداثاً مترابطة ومتواصلة: إنها تدل على المسيح، فإذا تلميذان يتبعانه.

أحد الاثنين هو اندراوس الذي جاء بأخيه سمعان إلى يسوع. وفيليبوس الذي التقى بيسوع، جاء بنتنائيل. وبالمناسبة نجد شهادات عدّة تعطي ليسوع ألقاباً متنوعة: اندراوس أخبر سمعان: «وجدنا المسيّا، أي المسيح» (١: ٤١)،

وفيليبوس وصف المسيح قائلاً: «وجدنا الذي ذكره موسى في الشريعة، والأنبياء في الكتب...» (١: ٤٥)، وأعلن نتنائيل: «أنت يا معلّم ابنُ الله، أنت ملكُ إسرائيل!» (١: ٤٩). ويتوَّج هذا القسم بكلام يسوع، الذي أكمل، بما أعلنه، سلسلة الألقاب المسيحانية: «الحق أقول لكم: سَتَرَوْنَ السماء مفتوحةً، وملائكةَ الله صاعدين نازلين على ابن الإنسان» (١: ٥١)[٥٩].

هكذا تأتي شهادة هؤلاء التلاميذ الأوائل، لتؤيِّد شهادة يوحنا (المعمدان) حول مسيحانيّة يسوع، وهذا الأمر يحافظ على منطق الشريعة التي تفرض، لقيام شهادة، تأكيد شاهدين أو ثلاثة لها. (تثنية ١٩: ١٥). أكّد هؤلاء الشهود أن يسوع هو المسيح، ابن الله، وملك إسرائيل، الذي يكمّل كل الناموس والأنبياء.

إن تفسير هذه الشهادات يجب أن يأخذ بالاعتبار مختلف مستويات القراءة: إن الألقاب المعطاة ليسوع تنمُّ عن تأمل ناضج لدى الجماعة المؤمنة، المستنيرة بحدث القيامة، والتي يرعاها الروح. يُدخل الإنجيلي ثمار هذا الاختبار في النص، ويكمل بذلك كل معطيات التقليد المناسب لزمن يسوع.

ز٢ - نقل الوحي

إن المسيح نفسه حدد مهمة تلاميذه، بأنهم شهود، وذلك في خطبته الكبرى الأخيرة: «وأنتم أيضا ستشهدون، لأنّكم من البدء معي» (١٥: ٢٧). إن

---

[٥٩] - إنّ لقب «ابن الإنسان» اسْتُعْمِلَ، في الأناجيل، من قِبل يسوع وحده.

شهادتهم مهمة جداً، إذ بواسطتها تنتقل كل الشهادات السابقة إلى الكنيسة. فالتلاميذ يمكنهم أن يكونوا شهوداً صادقين لأنهم عاشوا مع يسوع منذ البداية. وعلى ضوء القيامة خاصة، اكتسبوا فهماً حقيقياً لرسالة المسيح. وبالإضافة إلى ذلك، فإنهم مدعومون بشهادة الروح البارقليط في داخلهم. لقد اكتسبوا اتصالاً شخصياً وخبرة مميَّزة مع يسوع، مما جعلهم منهم شهوداً مميَّزين لنقل الحقيقة التي سمعوها من فم المعلّم نفسه ورأوها في شخصه.

ليست الشهادة معدَّة للتوقف بموت آخر تلميذ، لأن موضوعها الحقيقي هو على مستوى الإيمان، ويفوق اختبار الحواس. ومن جهة أخرى فإن روح الحق يدعم كل المؤمنين ويدفعهم لينقلوا إلى إخوانهم هذه الشهادة على كل ما جعلتهم نظرتهم الإيمانية يكتشفونه في يسوع.

خلاصة: تنوّع الشهود، وحدة الشهادة

ان هذا التنوُّع في الشهود لا يؤذي وحدة الشهادة في شيء، لأننا نجد في إنجيل يوحنا مصدراً واحداً للشهادة وموضوعاً واحداً لها. وكلّ هذه الشهادات ترجع، بطريقة ما، إلى شهادة الآب لصالح يسوع. ومن جهة أخرى، تهدف إلى إظهار المسيح في العالم، بتأكيد مسيحانيّته وبنوّته الإلهية. المقصود دائماً شهادة الآب، والشهادة لصالح ابن الله. ويتم التعبير عنها بطرق عدَّة، وتتحقق في التاريخ بشهادات متنوعة، من العهد القديم إلى الجماعة المسيحية. وهذا التصوُّر سندرسه في القسم الثاني من كتابنا.

يبدأ الإنجيل بشهادة يوحنا (المعمدان). ويؤكد الآب أقوال يسوع بإعطائه آيات وأعمالاً حسنة يحققها فتشهد لصالح مصدره ورسالته. والكتب

أيضاً، تسهم بشهادتها في إعلان مجيء المسيح. فحالة شهادة يسوع لنفسه وللآب هي حالة خاصة. فهو من جهة يشهد لهذه العلاقة الوحيدة والمميزة مع الآب، ومن جهة أخرى، يظهر وجه الله الحقيقي للعالم، ويؤكد إخلاصه لوعوده. أضاء المسيح بقيامته كل الشهادات المعطاة، وأعطى للتلاميذ القوة اللازمة ليصيروا رسله وشهوده المخلصين في العالم.

إن رسالة التلاميذ مدعومة بشهادة روح الحق في داخلهم، فهو البارقليط، الذي يدافع عنهم ويزيل من أمام أعينهم العالم المعادي الذي تغلّب يسوع عليه.

في تصوّر الإنجيل الرابع، تجد الشهادة كمالها في شهادة المسيح التي تتواصل بدورها وتختلط بشهادة الروح. وفي ذلك يكمن البعد الثلاثي للشهادة. وفي الوقت نفسه تكون هذه الوحدة في مصدر الشهادة وموضوعها ضمانة لوحدة الوحي.

القسم الثاني

دراسة ثلاث مقطوعات

١- شهادة يوحنا المعمدان (يو ١: ١٩-٣٤)

أ- دراسة أدبية

في مرحلة أولى سنضع نص يو ١: ١٩-٣٤ في إطاره ونقوم ببعض ملاحظات حول بنيته الأدبية، مشيرين إلى الصعوبات التي نصادفها، كلما كان ذلك ضرورياً لفهم النص. ثم نقوم بقراءة لاهوتية تتعلق خاصة بدراسة محتوى شهادة «المعمدان».

بالإضافة إلى النص المختار، والذي يشكل وحدة بحد ذاته، سندرس أيضا ما أورده يوحنا في المقدمة (١: ٦-٨ و١٥)، لنضعه في إطاره ونتعرّف على هذا الشخص المقدَّم لنا كشاهد. وسنحلل كذلك يو١: ٣٥-٣٦ الذي يشكّل امتداداً لشهادة يوحنا وبداية لوحدة جديدة. إن هدف هذه الدراسة الإشارة إلى أهمية الشهادة في إرشاد الإنسان وقيادته إلى المسيح.

أ- الإطار

سبق أن أدخل الإنجيلي شخصية «المعمدان»، كشاهد للمسيح، في المقدمة (١: ٦-٨ و١٥). في يو ١: ١٩-٣٤، يجري التوسع في هذه الشهادة بالإشارة إلى معطيات عديدة: مناسبتها، المكان الذي جرت فيه، السائلون والسامعون.

يمكن اعتبار النص كلوحة أولى من مقطوعة كبيرة ينتمي إليها وهي يو ١: ١٩-٥١. تبدأ هذه المقطوعة بـ«هذه شهادة يوحنا» (آ ١٩). إنها شهادة بخصوص المسيح، ولذلك ينتقل الكلام إلى يسوع في نهاية هذه المقطوعة الكبيرة، ويشهد هو لنفسه: «الحقّ أقول لكم: سَتَرَوْنَ السماء مفتوحةً، وملائكةَ الله صاعدين نازلين على ابن الإنسان». (آ ٥١). في هذه المقطوعة الكبيرة تتصل اللوحة التالية (١: ٣٥-٥١) بشهادة يوحنا: إن كلمات «المعمدان» عن المسيح، دفعت اثنين من تلاميذه إلى الالتحاق بيسوع، وكان هذا بداية قصة الدعوات الأولى[٦٠].

ولكن هذا لا يمنع من اعتبار يو ١: ١٩-٣٤ كوحدة محددة تماماً، يسيطر عليها وجه «المعمدان»، وموضوعها الرئيسي شهادته بخصوص المسيح.

---

٦٠ - إن شهادة «المعمدان» المعطاة في الآيتين ٣٥-٣٦ تكمل القسم السابق وتؤمِّن بالتالي الانتقال إلى المقطوعة اللاحقة. ولذلك، سندرس هذه الآيات وكأنها تشكل جزءاً من شهادة يوحنا المعروضة في المقطع ١: ١٩-٣٤.

٢أ- التأليف الأدبي

نجد في هذا النص عدداً من الصعوبات: قُدِمت شهادة «المعمدان» على مدى ثلاثة أيام متتالية (آآ ٢٩ و٣٥). أُعلن عنها في آ ١٩، ولكنها لم تُعطَ إلا في اليوم التالي[٦١]. ليس الأمر صدفة لأن هذه الأيام الثلاثة جزء من «الأسبوع» الذي يفتح رسالة يسوع العلنية؛ ويُختم بالآية الأولى في عرس قانا[٦٢]. يمكن تفسير هذا الأسبوع بالمعنى الزمني، أو تفسيره ببساطة لصناعة أدبية تهدف إلى الانتقال من موضوع إلى آخر. ولكن المدلول الرمزي لهذه الإشارات يبدو غالباً على ما سواه. إن هذا الأسبوع موضوع بموازاة أسبوع الخلق: يسوع، كلمة الله يدشن برسالته، الخلق الجديد.

إن المرسَلين من قِبل رؤساء اليهود في أورشليم إلى «المعمدان» هم كهنة ولاويّون في آ ١٩؛ وبالعكس، تتحدث آ ٢٤ عن فرّيسيّين. هل تعني مجموعة أخرى؟ أو أنها نقل مزدوج ناتج عن تقليدين مختلفين؟ نظن أن الكلام يدور على مجموعة واحدة، ولكن ذكر نوعين مختلفين من الأشخاص المرسلين أمر مهم

---

[٦١] - إن الشهادة المعلنة في الآية الأساسية ١٩ يمكن أن تشير سواء إلى شهادة يوحنا السلبية أو إلى شهادته الإيجابية.

[٦٢] - راجع *Du Baptême à Cana* (Lectio Divina 78, cerf 1956) M. E Boismard، ("من المعمودية إلى قانا")، يتبع هذا الأسبوع الترتيب التالي: اليوم الأول (١: ١٩-٢٨)؛ اليوم الثاني (١: ٢٩-٣٤)؛ اليوم الثالث (١: ٣٥-٣٩)؛ اليوم الرابع (١: ٤٠-٤٢)؛ اليوم الخامس (١: ٤٣-٤٦)؛ اليوم السادس (١: ٤٧-٥١)؛ اليوم السابع (٢: ١-١٢).

بالنسبة للإنجيلي الذي يصرّ على إدخال الممثلين الرئيسيين في المحاكمة التي يعرضها الإنجيل الرابع. سيكون للكهنة والفرّيسيّين دور هام في المعارضة القائمة ضد يسوع. فالكهنة سيقرّرون إهلاكه والفريسيّون سيكونون في حالة نزاع دائم معه. وفي الحالتين، يبقى دور أورشليم متصدِّراً مجرى المحاكمة وتطوراتها.

إن اختيار المفردات في آ ٣٤، يصطدم ببعض الصعوبات. فغالبية المخطوطات تحمل التعبير (ابن الله)، أما تعبير (مختار الله) فيوجد في المخطوط السينائي وفي بعض الترجمات القديمة. وهذا التعبير (مختار الله) لم يستعمل في أيٍ من نصوص الإنجيل الرابع، بل ورد مرّة (أو مرتين) في إنجيل لوقا[٦٣]. ربما استبدل أحد المدوِّنين كلمة eklektos (المختار) بـ huios (الابن)، وهذا ما يبدو تفسيراً لاهوتياً لاحقاً. وهكذا، يفضَّل تعبير «مختار الله» على تعبير «ابن الله».

إن المفردات المتعلقة بموضوعنا، والأكثر تداولاً في النص هي: شهد وشاهِدٌ (٣ مرات: آ ١٩، «هذه شهادة يوحنا»؛ آ ٣٢، «وشهد يوحنا، قال»؛ آية ٣٤، «وشهدتُ أنّه هو ابن الله».) ونجد الفعل "اعترف" (مرّتين في آ ٢٠) المستعمل بنفس المعنى للفعل «شهد».

---

٦٣ - لو ٢٣: ٣٥ «... فليخلِّص نفسه إن كان هو مسيح الله المختار!». لو ٩: ٣٥ «... هذا ابني الذي اخترت...» ولكن مخطوطات أخرى تورد كلمة «اصطفيت».

أ٣- التقسيم والبنية

إن هذا المقطع محدد جيداً بعبارة مبتدئة، في آ ١٩: «هذه شهادة يوحنا»، وعبارة تختتم الشهادة في آ ٣٤: «وأنا رأيت وشهدت...». ثمَّ ان دخول تلميذي يوحنا مسرح الأحداث، يشير إلى بداية وحدة جديدة.

يمكن تقسيم هذا المقطع إلى قسمين:

- الآيات ١٩-٢٨ التي نجد فيها الحوار بين المرسَلين من قبل رؤساء اليهود وبين يوحنا (المعمدان)، وهذا ما يشكل الشهادة غير المباشرة (أو السلبية: «لست أنا المسيح»): التي قدّمها يوحنا.

- الآيات ٢٩-٣٤ تتضمن الشهادة المباشرة (الإيجابية) التي أعطاها يوحنا عن المسيح.

يتمحور القسم الأول حول صورة يوحنا الذي، بدوره، يحوّل الانتباه نحو المسيح. أما القسم الثاني فيتمحور حول المسيح بشكل واضح. في البداية يعترف يوحنا علنياً، أنه ليس المسيح، ولا إيليا، ولا النبي. أعطيت هذه الشهادة، بصيغة النفي، أمام ممثلي اليهودية الرسمية. ولكن اعتباراً من آ ٢٩، يظهر أن هذا

الجمهور لم يعد موجوداً[٦٤] ولذلك يعلن يوحنا الشهادة الإيجابية أمام «إسرائيل»[٦٥] (راجع آ ٣١)، الممثلة هنا بتلاميذ «المعمدان».

إن النصف الأول من المقطوعة (آآ ١٩-٢٨) مبني بشكل موازاة بين الآيات ٢٤-٢٧ والآيات ١٩-٢٣. والآية ٢٨ تشكل نوعاً من الخلاصة التي تدل على المكان الذي يدور فيه الحدث. وهكذا، يمكننا ملاحظة التصميم التالي:

أ- أرسل رؤساء اليهود كهنة ولاويين «ليستجوبوا» يوحنا (آ ١٩).

ب- «المعمدان» يعترف أنه ليس المسيح، ولا إيليا، ولا النبي (آ ٢٠-٢٢).

ج- يوحنا يعلن أنه الصوت الصارخ: «قوّموا طريق الرب» (آ ٢٣).

وبموازاة ذلك:

أ*- إلى الكهنة واللاويين يضاف الفريسيّون (آ ٢٤).

ب*- سُئل يوحنا: لماذا يعمِّد إذا لم يكن المسيح، ولا إيليا، ولا النبي (آ ٢٥)؟

---

٦٤ - إن التغيير في مجرى الحدث أُشير إليه باستعمال كلمة تدلُّ على الوقت، في مطلع آ ٢٩: «في الغد».

٦٥ - إن كلمة «إسرائيل»، تحمل معنى إيجابياً دائماً في الإنجيل الرابع (راجع ١: ٥٠؛ ٣: ١٠؛ ١٢: ١٣) بعكس كلمة «اليهود». فهذا هو الشعب الذي اختاره يهوه، والذي تلقى الوحي ومواعيد الله، والذي سيكون المسيح مَلِكاً عليه (راجع ١: ٤٩؛ ١٢: ١٣) سيشهد «إسرائيل» اكتمال الوعود التي تلقاها، ويمكنه الآن الاستفادة من حضور حمل الله في العالم. إن موقف رؤساء اليهود المعادي، والذي أرسلوا مرسلين ليسألوا يوحنا، موقف يتعارض مع موقف إسرائيل الحقيقي.

ج*- يوحنا يعلن أنه يعمِّد بالماء، بينما يعمّد آخر يأتي بعده، بالروح (وهو موجود الآن بين الشعب)، وهو أعظم منه (آآ ٢٦-٢٧).

والآية ٢٨ هي كخلاصة إذ تشير إلى مكان هذا اللقاء بين يوحنا والمرسَلين من قبل رؤساء اليهود.

أما النصف الثاني (آآ ٢٩-٣٤) فهو مبني بشكل موازاة معكوسة: (chiasme):

أ- أعلن أن يسوع هو حمل الله الحامل خطايا العالم (آ ٢٩).

ب- يوحنا يشهد لتفوّق يسوع (آ ٣٠).

ج- لم يكن المعمدان يعرفه، لكنه جاء معمّداً بالماء ليظهر المسيح لإسرائيل (آ ٣١). ويشهد يوحنا أنه رأى الروح نازلاً على المسيح، واستقرّ عليه (آ ٣٢).

ج*- لم يكن المعمدان يعرفه، ولكنه أُرسل ليعمِّد بالماء (آ ٣٣أ). تذكير برؤية الروح نازلاً ومستقراً على يسوع (آ ٣٣ ب).

ب*- يشهد يوحنا ليسوع المعمِّد بالروح القدس (آ ٣٣ج).

أ*- أعلن أن يسوع هو مختار الله (آ ٣٤).

وعندما ندرس النص بكلّيته (١: ١٩-٣٤)، نجد أن مواضيع كثيرة من القسم الأول استعيدت وتوسعت في القسم الثاني. إن الألقاب التي أعطيت ليسوع هي ذات طابع مسيحاني، مما يشكّل "موازاة تناقضية" مع إقرار «المعمدان» بأنه ليس المسيح، ولا إيليا، ولا النبي (آآ ٢٠-٢١). كذلك، فإن الشهادة لسموّ يسوع وتفوقه، وهو الشخصية التي جعلها يوحنا تبرز في وسط

الشعب بعماده لها (آآ ٣٠-٣١)، هي شهادة تستعيد وتوضح التأكيدات المبهمة السابقة حول الشخص السري الموجود بين الشعب (آ ٢٦)... وهكذا، قد أُعلن عن الموضوع الرئيسي أولاً، ثم استعيد، وجرى شرحه وتعميق فهمه. وهذا الأسلوب خاص بيوحنا.

انطلاقاً من هذه الملاحظات، نقدِّم النص، وقد بني بحسب التقسيم المقترح. إن الآيات التي لا تنتمي إلى هذه المقطوعة، والتي ستدرس في القراءة اللاهوتية، وضعت بين قوسين:

تقديم الشخص

الفصل ١

[٦ ظهر رسولٌ من الله اسمُهُ يوحنَّا. ٧ جاء يشهدُ للنورِ حتى يؤمن الناسُ على يدهِ. ٨
ما كان هو النور، بل شاهداً للنور.

...

١٥ شهد له يوحنا فنادى: «هذا هو الذي قلت فيه: يجيءُ بعدي ويكون أعظم مني، لأنّه كان قبلي»].

مقدمة للمقطعين:

١٩ «هذه شهادة يوحنا،

١- الشهادة السلبية

أ- حينَ أرسلَ إليهِ اليهودُ مِن أُورشليمَ كهنةً ولاويِّين ليسألوهُ: «من أنتَ؟

ب-٢٠ فاعترف وما أنكر، إعترف قالَ: «ما أنا المسيحُ». - فقالوا: «مَن أنتَ، إذاً؟ هل أنتَ إيليَّا؟» قال: «ولا إيليا». ٢١ قالوا: «هل أنتَ النَّبي؟» أجاب: «لا». ٢٢ فقالوا له: «من أنتَ، فنحمل الجواب إلى الذين أرسلونا. ماذا تقولُ عن نفسِكَ؟»

ج- ٢٣ قال: «أنا، كما قال النبيُّ إشعيا: "صوتٌ صارخ في البريَّةِ: قوِّموا طريق الربِّ"

أ*- [٢٤] وكان بينهم فريسيون،

ب*- [٢٥] فقالوا ليوحنا: «كيف تعمِّدُ وما أنتَ المسيحُ ولا إيليا ولا النبيُّ؟»

ج*- [٢٦] أجابهم: «أنا أعمّدُ بالماءِ، وبينكم من لا تعرفونهُ. [٢٧] هو الذي يجيءُ بعدي، ويكون أعظم مِنّي، وما أنا أهل لأن أحل رِباط حِذائِهِ».

خلاصة:

[٢٨] جرى هذا كُلُّهُ في بيت عنيا، عَبرَ نهر الأردن، حيثُ كان يوحنا يُعمِّدُ.

٢- الشهادة الإيجابية

أ- [٢٩] وفي الغد رأى يوحنا يسوع مقبلاً إليهِ، فقال: «ها هو حملُ الله الذي يرفعُ خطيئةَ العالم.

ب- [٣٠] هذا هو الذي قلتُ فيهِ. يجيءُ بعدي رجلٌ صار أعظَمَ مني، لأنَّهُ كان قبلي.

ج- [٣١] وما كنت أعرِفهُ، فجئتُ أُعمِّدُ بالماء حتى يَظهرَ لإسرائيل». [٣٢] وشهِدَ يوحنَّا، قال: «رأيتُ الرُّوحَ يَنزِلُ من السماءِ مِثلَ حمامةٍ ويستقِرُّ عليهِ.

ج*- ([٣٣أب] وما كُنتُ أعرِفهُ، لكن الذي أرسلني لأُعمد بالماء قال لي: «الذي ترى الروح ينزِلُ ويستقِرُّ عليهِ

ب*- ([٣٣ج] هوَ الذي سيعمِّدُ بالروح القُدُس.

أ*- [٣٤] وأنا رأيتُ وشَهِدتُ أَنَّهُ هو ابنُ الله».

[[٣٥] وكان يوحنا في واقفاً هناك، ومعه اثنان من تلاميذه.

[٣٦] ونظر إلى يسوع وهو مارّ وقال: «ها هو حمل الله».]

ب- قراءة لاهوتية للمقطوعة

قبل الدخول في تفاصيل مقطوعة يو ١: ١٩-٣٤، نبدأ بقراءة للآيات المخصّصة لتقديم «المعمدان»، في مقدِّمة الإنجيل: ١: ٦-٨ و١٥. وهذا ما يساعد على تحديد مهمة «المعمدان».

ب١- تقديم الشخص

بعد التعريف عن كلمة الله، الشخصية الأساسية في الإنجيل الرابع، يتحدث الإنجيلي عن يوحنا «المعمدان»، ويقوم بمقارنة بين الشخصيتين. وبالواقع، بينما يصف الإنجيل الكلمة بأنه «في البدء كان»، قبل الزمان والكون، وبه كلّ شيء كان، يقدِّم يوحنا كإنسان جاء في الزمان. وقد تأمّن الانتقال من الشخصية الأولى إلى الثانية بواسطة موضوع «النور» (آيتان ٤-٥)، الذي سيشهد له «المعمدان». النور نقيض الظلمات. إن المحاكمة الكبرى بين الله وشعبه قد بدأت، واستُدعي أول شاهد أمام قوس المحكمة.

يُدخل الإنجيلي الشاهد بشكل أنيق ووقور: «ظهر (إنسان) رسول من الله اسمه يوحنا» (يو ١: ٦). إنه إنسان من هذا العالم، «جاء يشهد للنور»، نور كلمة الله، ليعرفه العالم. لكنه لم يأتِ باسمه هو، بل هو مرسل من الله كما كان أنبياء العهد القديم يُرسلون[٦٦]. إن وصف إنسان بأنه «مرسل»، هو صفة هامَّة في الإنجيل الرابع، لأن يوحنا سيستعمل هذا اللقب لاحقاً ليتحدث عن يسوع وعن الروح المعزّي[٦٧].

---

[٦٦] -راجع حز ٣: ١٠؛ ٤: ٢٨؛ اصمو ١٢: ٨؛ ١٥: ١؛ ٢صمو ١٢: ١؛ أش ٦: ٨؛ حز ٢: ٤؛ ١٣: ١٦: ملاخي ٤: ٥ الخ...

[٦٧] -راجع يو ٣: ١٧ و٣٤؛ ٥: ٣٨؛ ١٤: ٢٦؛ ١٥: ٢٦؛ ١٦: ٧.

أرسل الله هذا الرجل في مهمة واضحة: «جاء يشهد...»، خلافاً لما ورد في الأناجيل الإزائية (مر ١: ٢؛ متى ١١: ١٠ و١١)، لم يتمّ التركيز على مهمة يوحنا في «إعداد الطريق» أو في كونه «السابق». إنّه، في الإنجيل الرابع، الشاهد الذي سيدلي بشهادته أمام ممثلي اليهودية (١: ١٩-٢٨)، وأمام إسرائيل (١: ٢٩-٣٤)، وأمام تلاميذه (١: ٣٥).

إن تفضيل يوحنا اسم الشاهد على الألقاب الأخرى يعود لأسباب متعددة: إن تلاميذ يوحنا المعمدان، في زمن الإنجيلي، كانوا يكرِّمون معلِّمهم ويدافعون عن تفوّقه بالنسبة ليسوع. إن مجيء يوحنا قبل يسوع زمنياً، يعني بالنسبة لتلاميذه ومؤيديه أنه أكبر قدراً. لذلك اهتم الإنجيلي بتقديم يوحنا كشاهد، مرسل من الله. يصبح الطابع الجدلي أكثر وضوحاً في آ ٨: «ما كان هو النور، بل شاهداً للنور»[٦٨].

من جهة أخرى، وفي إطار محاكمة كالتي يعرضها الإنجيل الرابع، الشاهد ذو فائدة أكثر من مبشِّر يدعو للتوبة. وأخيراً، إن الشهادة هي في خدمة الإيمان الذي يتمحور حول المسيح في إنجيل يوحنا؛ والشاهد ينشِّط الإيمان ويشجّعه، وهو بالإضافة إلى ذلك، يحميه ويدعمه دون أن يقلل من أهمية القرار والاختيار الشخصيين.

---

[٦٨] - يو ٤: ١-٣؛ يصف في هذا الباب الجدلي المضاد للمعمدان.

أما في آ ٧ فيشير الإنجيلي إلى غائية شهادة يوحنا: «حتى يؤمن (كلّ) الناس على يده». أما موضوع الإيمان فلم يتّضح، ولكنه بحسب جو النص، موضوع الشهادة عينه: النور. وهكذا نرجع إلى الآية ٥ حيث جرى تقديم كلمة الله على أنها النور الذي غلب الظلمات. إن يوحنا هو الشاهد الذي أرسله الله، ليكون معروفاً فعلُ كلمة الله المضيئة في العالم.

إن كلمة «كلّ» تدل على البعد الكوني لإرادة الله الخلاصيّة، والذي يطبَّق أيضا على مستقبلي شهادة يوحنا (المعمدان). وبالواقع، فقد شهد يوحنا أمام شعب الميثاق القديم وأمام ممثلي هذا الميثاق؛ ولكن هذه الشهادة، بمفهوم الإنجيلي، تتعدى حدود إسرائيل، لتبلغ العالم كله، وكل الأجيال. تستعيد آ ٨ الفكرة التي عبّرت عنها الآية السابقة، بنمط دفاعي، وتهاجم، بصورة غير مباشرة، إفراط تلاميذ يوحنا في تكريمهم له لدرجة أنهم اعتبروه المسيح[٦٩]، أو ربما اعتبروه أيضاً، بحسب جو النص، «النور» بالذات. يؤكّد الإنجيلي المسافة الموجودة بين يوحنا ويسوع. فالمعمدان هو شاهد للنور، وهو بالتالي تابع له. ولإنهاء الجدال، فَصَلَ يوحنا الأمر، وشهد لتفوُّق المسيح وأسبقيته، كما في آ ١٥: «هذا هو الذي قلت فيه: يجيء بعدي ويكون أعظم مني، لأنّه كان قبلي». يؤكّد يوحنا بهذه الشهادة، أن كلمة الله الذي صار جسداً، وحلَّ في هذا العالم وفي تاريخه، هو فوق هذا العالم. إن تفوّق يسوع وأسبقيّته مبنيان على أزليّته ووجوده المسبق.

---

[٦٩] -راجع ١: ٢٠.

ب٢- شهادة يوحنا

بعد تقديم هذه الشخصية، وإدخالها إلى مسرح الأحداث لتؤدّي دور الشاهد، يتوسّع الإنجيلي في مضمون شهادة يوحنا: «هذه شهادة يوحنا...» (آ ١٩) هذه العبارة يمكن اعتبارها كعنوان للمقطوعة بكاملها (يو ١: ١٩-٣٤)؛ فهي مرتبطة بما يتبعها مباشرة، ولكنّها تتعلّق أيضاً بالفقرة كلها: بهذه الطريقة يحضّر الإنجيلي للقسمين السلبي والإيجابي من شهادة يوحنا.

تشكّل هذه العبارة نوعاً من افتتاح للمحاكمة الدراماتيكية التي ستضع يسوع في مواجهة اليهود طيلة فترة رسالته. وفي الواقع، أُفسح المجال للإدلاء بهذه الشهادة، بواسطة استجواب قامت به بعثة رسمية[٧٠]. يضاف إلى دور الشهادة الديني، مدلول قانوني. وكما يحصل في كل تصرف رسمي، يتم توضيح صفة المحققين بدقّة: كهنة ولاويون أوفدهم رؤساء اليهود، وانضم إليهم فريسيّون في آ ٢٤. إن الشاهد البشري الأهم موضوعٌ في مواجهة السلطة الدينية التي سيواجهها يسوع طيلة حياته العلنية.

إن الأسئلة التي طرحها الموفدون على يوحنا، سمحت له بأن يعلن لإسرائيل سرَّ المسيح، من جهة، وأتاحت أمام الإنجيلي الفرصة ليحدّد أدوار كل من يسوع ويوحنا، الواحد بالنسبة للآخر.

---

[٧٠] - لا يشير الإزائيون إلى هذا الاستجواب. ولكن يبدو من المعقول جداً أن تتحرّى السلطة على حركة دينية جديدة.

١)- الشهادة السلبية

ابتدأ الاستجواب بسؤال حول هوية يوحنا: «من أنت؟»[٧١] كان من المنتظر سماع قصة عن عائلته، وأسلافه، وعن نفسه. فبينما قدَّم لنا الإزائيون الكثير من المعلومات والتفاصيل عن «المعمدان»، فإن يوحنا المعمدان، كما يصوّره الإنجيلي الرابع، الوفي لمهمَّته كشاهد، يبدو جوابه خارجاً عن الموضوع، ولكنه في الحقيقة من صميم الموضوع. فيوحنا، إذ قال: «ما أنا المسيح» كشف النقاب عن اهتمام مستجوبيه ذي الطابع المسيحاني، وحوَّل الاستجواب باتجاه المسيح الذي سيشهد له[٧٢]. هذا الجواب يدل أيضاً على أن السائلين أرادوا معرفة ما إذا كان «المعمدان» ينسب لنفسه دوراً مسيحانيّاً.

أما المدهش في ذلك، فهو الطريق التي أورد بها الإنجيلي الجواب: «فاعترف وما أنكر، اعترف قال...» (١ :٢٠). هذا التركيب الإنشائي (تأكيد - نفي - تأكيد) هو فريد في إنجيل يوحنا. إن أسلوب التكرار مع استعمال أفعال مهمة مثل «اعترف» و «أنكر»[٧٣]، يعطي للجواب وقعاً مهيباً.

---

٧١ - طُرح السؤال عينه على يسوع في ٨: ٢٥، وبإلحاح أكثر وأوضح في ١٠: ٢٤: «إلى متى تُبقينا حائرين؟ قل لنا بصراحة: هل أنت المسيح؟».

٧٢ - يعبّر كتاب أعمال الرسل عن الفكرة إذ يتحدث عن يوحنا السابق: «وقال وهو ينهي سعيه: أتظنّونَ أنّي أنا هو؟ لا! فذاك يجيءُ بعدي، وما أنا أهلٌ لأن أحلَّ رباط حذائه» (أع ١٣: ٢٥).

٧٣ - لدراسة هذه الأفعال انظر القسم الأول من هذه الدراسة، في المعنى الدلالي للكلمات.

إذاً، نطق يوحنا باعتراف علني واحتفالي، أَقرَّ فيه، بدون أي تردد، أنه ليس المسيح، المسيح المنتظر[٧٤]. هذا الاعتراف يعدُّ الطريق للاعتراف الإيماني بيسوع، حمل الله (آ ٢٩) ومختار الله (آ ٣٤)؛ وسيتكرر هذا الإعلان في يو ٣: ٢٨[٧٥]. هذا الإلحاح يخفي غاية جدلية ضد تلاميذ يوحنا (المعمدان)، الذين كانوا يعتبرونه المسيح. يسعى يوحنا لتجنّب كل التباس حول شخصه ورسالته.

بعد أن نفى يوحنا عن ذاته لقب «مسيح»، لم يقبل اللقبين الآخرين اللذين عرضهما المرسلون من قبل رؤساء اليهود: إنه ليس إيليا[٧٦] ولا النبي[٧٧] (آ ٢١). إن الجوابين الأخيرين واضحان مثل الجواب الأول: ليس ليوحنا أي امتياز مسيحانيّ. والمعلوم أن إيليا والنبي هما وجهان ذو صلة بالانتظار المسيحاني الذي كان متأججاً في ذلك الوقت. واستناداً إلى ما ورد في (تثنية ١٨: ١٥و ١٨-١٩)، كانت فكرة مجيء نبي مشابه لموسى متداولة في الأوساط

---

[٧٤] -يؤكد يوحنا أن يسوع هو المسيح الذي تحدَّثت عنه الكتب المقدسة (راجع يو ١: ٤١؛ ٤: ٢٥).

[٧٥] - أنظر المقطع المخصص ليوحنا المعمدان في عرض مختلف الشهود، في القسم الأول.

[٧٦] - إن نص يوحنا يتناقض مع التقليد. نص إنجيل متى الذي رأى في «المعمدان» النبي إيليا، على حدِّ ما ورد في قول يسوع في متى ١٧: ١٠-١٢.

[٧٧] - قُدِّم يسوع عدَّة مرات، في إنجيل يوحنا، على أنه النبي: راجع ٦: ١٤-١٥؛ ٧: ٤٠-٤١. الموازاة بارزة بين النبي والمسيح في ٧: ٤٠-٤١: «فقال كثيرون ممن سمعوا كلام يسوع: "بالحقيقة هذا هو النبي". وقال غيرهم: "هذا هو المسيح!"».

اليهودية. ونجد آثار هذا الانتظار في كتابات قمران[٧٨] وفي العهد الجديد[٧٩]. من جهة أخرى، فإن إيليا هو واحد من شخصيات العهد القديم (أحنوخ بالإضافة إلى عزرا) الذين لم يدركهم الموت، فإيليا صعد إلى السماء فوق مركبة نارية (٢ مل٢: ١-١٨؛ ابن سيراخ ٤٨: ١٠). اعتقدت اليهودية المتأخرة أنّ من لم يمت سيعود في الزمن الأخير ليعدَّ يوم الربّ ومجيء المسيح[٨٠].

لم يكتفِ المرسَلون لسؤال يوحنا، بجوابه السلبي، بل طلبوا منه تحديداً واضحاً لمهمّته ودوره. ولكن «المعمدان». عرَّف عن نفسه بما ورد في كلمات اشعيا النبي، قال: «أنا، كما قال النبيُّ إشعيا: "صوتٌ صارخ في البريَّةِ: قوِّموا طريق الربِّ"». (يو ١: ٢٣؛ راجع أش ٤٠: ٣). ترد هذه العبارة عند الإزائيين دون أن ترد على لسان «المعمدان» (راجع متى ١: ٣ وما يوازيه). وفي الإطار الذي نحن بصدده، «الصوت الصارخ» ينطبق على دور الشاهد الذي يصرُّ الإنجيل الرابع على إعطائه «للمعمدان». المقصود هو تصريح علني وشهادة لصالح «الربّ». خلافاً للإزائيين، لا يهتم الإنجيلي كثيراً بدور «الداعي إلى التوبة». إنه يفضّل دور من يرفع الصوت ليشهد.

---

[٧٨] - «... سأوجد لهم نبياً مثلك من بين إخوتهم، وسأضع كلماتي في فمه فيقول لكم كل ما آمره به...».

[٧٩] - يستشهد بطرس بنص تثنية الاشتراع ليطبّقه على يسوع (أع ٣: ٢٢-٣٠). واسطفان في خطبته، قال على لسان موسى: «سيقيم الله لكم، ومن إخوتكم، نبياً مثلي» (أع ٧: ٣٧).

[٨٠] - ملاخي ٣: ٢٣ يشهد لهذا الاعتقاد بعودة إيليا.

إن «المعمدان»، وقد قدَّم نفسه على أنه «الصوت» الذي تحدَّث عنه النبي أشعيا، صار «صورة» العهد القديم. وبالواقع، فإن يوحنا يختفي كشخصية، ويتماهى مع صوت الذي يردد نبوءة الخلاص. لقد سرد هذه الآية لتذكير القرّاء المعتادين على التوراة بإطار معيّن. لقد أصبح ذاك «الصوت» الذي «خاطب قلب أورشليم» قديماً (أش ٤٠: ٢)، معلناً: «هوذا السيد الرب يأتي بقوّة...» (أش ٤٠: ١٠). لقد وضع ذاته في استمرارية مع ماضي إسرائيل وانتظارها المسيحاني، صارت التوراة، من خلال يوحنا، الشاهد الذي يعرِّف بيسوع مسيحاً ويشير إليه.

وتستمر الأسئلة مع الانتقال إلى قصة الفريسيّين (آ ٢٤). فهؤلاء كانوا يريدون معرفة سبب المعمودية التي يقوم بها يوحنا، لأنها ذات بُعد مسيحاني، كما يبدو. وجاء شرح يوحنا أكثر وضوحاً لحساب يسوع، وهذا الأمر يحضِّر للقسم الثاني من شهادته.

يحدّد يوحنا رسالته، مرّة أخرى، بالتوافق مع النشاط العمادي الذي سيقوم به يسوع، قال: «أنا أعمدُ بالماءِ، وبينكم من لا تعرفونهُ. هو الذي يجيءُ بعدي، ويكون أعظم مِنّي، وما أنا أهل لأن أحل رِباط حِذائِهِ». (الآيتان ٢٦-٢٧). لذلك يحوِّل الاهتمام إلى من يأتي بعده، ويعلن وجوده الخفيّ في العالم[٨١]

---

[٨١] - يذكِّر هذا التعبير بموضوع المسيح المخفي في الانتظار اليهودي (راجع ٧: ١٧). ينقل القديس يوستينوس هذه الفكرة: «حتى وإن ولد المسيح ووجد في مكان ما، فهو ما يزال

حتى الآن، كما تدلّ بقية النص، فمن الضروري حلول وحي إلهي لاكتشاف المسيح الذي صار بيننا، وللتعرف إليه.

نلاحظ أن يوحنا لا يُجري مقارنة بين معموديته ومعمودية يسوع كما فعل الإزائيون (راجع متى ١: ٨؛ متى٣: ١١؛ لو ٣: ١٦). بل يحصر اهتمامه، في الشخص الذي يشهد له. إن يوحنا في الإنجيل الرابع هو «شاهد» أكثر مما هو «معمدان»[٨٢]. فبالنسبة لجماعة يوحنا الإنجيلي، المعمودية المسيحية هي وحدها ذات قيمة. كان من الطبيعي إذاً إلقاء الظل على معمودية يوحنا؛ إن نشاطه العمادي يأتي في الدرجة الثانية.

لقد مُهِّدت التربة وجُهِّزت. ولم يعد ينقص سوى تحديد هويّة «الآتي». وسيكون هذا الأمر مدار حديث اليوم الثاني: شهادة يوحنا الإيجابية.

٢)- الشهادة الإيجابية

نشاهد في آ ٢٩ تغييراً في مجرى القصة وموقعها وزمنها، وذلك باستعمال التعبير «في الغد». اختفى الموفدون الذين كانوا موجودين بالأمس. ولكن يوحنا استمرَّ في أداء شهادته، ولم يوضح لنا الإنجيلي لمن توجَّه هذه الشهادة. وهذا ما يجعلنا نفترض أن شهادة يوحنا تمتد وتتسع بدون

غير معروف... ليس له أية قدرة، إلى أن يأتي إيليا، ليمسحه ويجعله معروفاً» الحوار مع تريفون ٨: ٤ راجع أيضا عزرا الرابع ١٣: ٥١-٥٢؛ أحنوخ ٤٨: ٦.

[٨٢] - أشرنا سابقاً إلى أن صفة «معمدان» لم تطلق على يوحنا أبداً في الإنجيل الرابع.

حدود[٨٣]. إن اتساع مجال شهادة يوحنا لتشمل كل إنسان دون تحديد هويته، وانطلاقاً من آ ٣١ يمكن أن تشمل «إسرائيل» بالكامل[٨٤]، وقد حدَّدت شهادة «المعمدان» هوية المسيح أمامهم.

عندما يُذكر مجيء يسوع إلى يوحنا، في الأناجيل الإزائية، يكون الهدف التحضير لقصة المعمودية في الأردن [٨٥]. أمّا هنا، فقد وردت هذه القصة سابقاً، في الإنجيل الرابع، كما يُفهم من كلمات يوحنا في الآيتين ٣٢-٣٣، الواردتين بصيغة الماضي.

لما رأى يوحنا يسوع آتياً نحوه، كان مستعداً للتعريف به كحمل الله. تجدر الإشارة إلى العلاقة القائمة بين «رأى» و«شهد». وهذه الصلة هي أكثر وضوحاً في الآيتين ٣٢-٣٣، إذ يظهر الشاهد في وضع مميَّز يعطيه القدرة على أن يشهد بما رأى.

بدأ «المعمدان» شهادته الإيجابية بدعوة إلى النظر نحو الآتي إليه: «ها هو». يسبق هذا التعبير عادة كلمات الوحي، ونجده في ١: ٣٥-٣٧ و٤٧-٥١؛ ١٩:

---

[٨٣] - وهذا ما ألمح إليه الإنجيلي في مقدِّمته ١: ٧ عندما تحدّث عن يوحنا الذي يشهد للنور «حتى يؤمن (كلّ) الناس على يده».

[٨٤] - «... فجئت أعمّد بالماء، حتى يظهرَ لإسرائيل» (١: ٣١).

[٨٥] -راجع متى ٣: ١٣ «وجاء يسوع من الجليل إلى الأردن ليتعمّد على يد يوحنا...»؛ مر ١: ٩؛ لو ٣: ٢١.

٢٤-٢٧؛ ويبدو أنه ناتج عن تأثير العهد القديم[٨٦]. أما في العهد الجديد فإن هذا التعبير السابق للوحي خاص بالإنجيل الرابع وحده.

لنعُد إلى مضمون شهادة يوحنا: «ها هو حمل الله، الذي يرفع خطيئة العالم». لا نجد في أي مكان، في الكتاب المقدس، لقب «حمل الله»، إلاّ في إنجيل يوحنا (يو ١: ٢٩ و٣٦). ويتساءل المفسِّرون عن مصدر هذا التعبير ومعناه، مع أن نقطة الانطلاق لهذا التعبير لا يمكن أن تكون سوى التقليد اليهودي. وبما أن يوحنا معتاد على الأخذ من تقليد إسرائيل، فمن الطبيعي البحث في هذا التقليد، وفي هذا الجو الفكري، عمّا يمكن أن يكون أساس هذا اللقب. من المحتمل أن يكون الإنجيلي، قد جمع في لقب «حمل الله» موضوعين عزيزين جداً على تقليد إسرائيل: موضوع «عبد الله» و «الحمل الفصحيّ»[٨٧].

---

[٨٦] - إن التعبير الوارد في آ ٢٩: «رأى يوحنا يسوع مقبلاً إليه فقال: ها هو...» يذكّر بعبارة مشابهة في العهد القديم نجدها في ١صمو ٩: ١٧: «فلما رأى صموئيل شاول، أجابه الرب: ها هو الرجل الذي كلمتك عنه. هذا يضبط شعبي».

[٨٧] - في دراسة عن «حمل الله الذي يرفع خطيئة العالم» تربط **A. Jaubert** في كتابها (*Approches de l'Evangile de Jean*, Seuil, Paris, 1976, pp 135 - 139)، صورة «الخروف المنتصر» في كتاب الرؤيا بلقب «حمل الله» في الإنجيل. في الواقع، إن «الخروف المنتصر» الذي يحمل أيضاً علامات الألم (رؤ ٥: ٦ و٨-٩ و١٢-١٣؛ ٦: ١ و١٦؛ ٧: ١٤؛ ١٣: ٨؛ ١٤: ١) يعود إلى المصادر ذاتها، ولكنه لا ينتمي إلى التقليد ذاته. ومن جهة

إن تعبير «حمل الله» يوضع في علاقة مع التعبير «عبد الله» الذي ورد في أشعيا الثاني[88]. وتقدَّم أحيانا إمكانية ترجمة التعبير الآرامي (taleya) بكلمة «عبد، ولد» أو «حمل»[89]. ويعتقد بعض المفسّرين بوجود خطأ في الترجمة: فربما قال المعمدان: «ها هو عبد الله»، ولكن الإنجيلي ترجم هذا التعبير باليونانية: «ها هو حمل الله».

إن هذا اللقب ذو صلة أيضاً بموضوع «الحمل الفصحيّ»[90]. في الإنجيل الرابع لا نجد قصة العشاء الفصحيّ التي نجدها عند الإزائيين[91]. ويسوع، بالنسبة ليوحنا، هو الحمل الفصحيّ، والمحرر الحقيقي:

أخرى، فإن التعبير المستعمل في الرؤيا هو arnion «خروف» بدلاً عن amnos «حمل» الذي استعمله يوحنا.

٨٨ - إن كلمة «عبد» التي نصادفها في أش ٤٢: ١ و٥٢: ١٣؛ وردت للدلالة على من يقاسي الاضطهادات والألم وهو صابر. وهذا الأمر واضح في أشعيا ٥٣ (آيتان ٤ و٧): «لكن أحزاننا حملها وأوجاعنا تحمّلها...» (آ ٤). «ظُلِم، أما هو فتذلل ولم يفتح فاه، كشاة تساق إلى الذبح...» (آ ٧).

٨٩ - وتبقى بعض الصعوبات. مع أن الترجمتين ممكنتان، فالعبرية تستعمل كلمة ébed ("عبدا" بالآرامية)، وليس كلمة taleh في أناشيد عبد يهوه. ومن جهة أخرى، فإن الترجمة السبعينية لم تستبدل أبدا اللفظة العبرية taleh بـ «حمل».

٩٠ - «الخروف الفصحيّ» ليس الحيوان الوحيد الذي يقدَّم كقربان في التقليد الإسرائيلي. هناك الكبش المرسل الذي يحمل خطايا الشعب في يوم التكفير (راجع لاوي ١٦: ٢٠-٢٢؛

- يَذكُر الإنجيلي التحضير للفصح ضمن القصة التي تضع يسوع أمام بيلاطس، تماماً قبل أن يقول هذا الأخير لليهود: «ها هو ملككم» (يو ١٩: ١٤).

- يُذكِّر الإنجيلي، مرّات ثلاث أن الفصح، عيد اليهود، كان يقترب، ولكنه لم يحلّ بعد: المرّة الأولى، عندما أعلن يسوع، أمام الهيكل، عن موته وقيامته (٢: ١٣ و٢٠-٢١)، والثانية في آية تكسير الخبز (٦: ٤)، والثالثة عندما أراد رؤساء اليهود والفريسيّون تسريع توقيف يسوع (١١: ٥٥-٥٧)[٩٢]. إن هذا الاستعمال المتكرر دائماً، متّصلاً بذكر موت يسوع، يدلّ على أن الفصح اليهودي سيبدّل منذ الآن بالفصح المسيحي.

- بيسوع المعلّق على الصليب، يتمُّ الكتاب: «لن ينكسر له عظم» (يو ١٩: ٣٦). هذه الآية مزيج[٩٣] من الآية ٢١ من المزمور ٣٤ ومن حزقيال ١٢: ٤٦. يتحدث المزمور ٣٤: ٢١ عن الحماية الإلهية المعطاة للبارّ المضطهد، ومثاله هو

عدد ٢٩: ٧-١١)، وخروف التقدمة اليومية (راجع عدد: ٢٨: ٣؛ حز ٤٦: ١٣-١٥)، ولكن هذا الأخير ليس له معنى تقدمة تكفيرية.

٩١ -راجع متى ٢٦: ١٧-٢٩؛ مر ١٢: ٣١؛ لو ٢٢؛ ٧-١٨.

٩٢ - يمكن أن نضيف إلى هذا التعبير، التعبير المماثل «قبل الفصح» الذي نجده في ١٢: ١ و١٣: ١.

٩٣ - «كثيرة هي بلايا الصدّيق، ومن جميعها ينجيه الرب، يحفظ جميع عظامه، وواحد منها لا ينكسر» (مز ٣٤: ٢٠-٢١)؛ «قال الرب لموسى وهارون: "هذه فريضة الفصح: في بيت واحد يؤكل، ولا تخرج من اللحم من البيت إلى الخارج، وعظماً لا تكسروا منه"» (حز ١٢: ٤٣ و٤٦).

«عبد يهوه» في أشعيا الثاني. أما حز ١٢: ٤٦ فيعرض فريضة طقسية متعلّقة بخروف الفصح.

توجد بالتأكيد صلة بِصُوَرِ الآباء الأولين، وخاصة صورة تقدمة إبراهيم (راجع تك ٢٢: ١-١٤)؛ فحياة اسحق، ابنه الوحيد، ستفتدى بتضحية الخروف الذي قدّمه الله (آ ٨). كان إبراهيم يتأمل سلفاً في الخلاص الذي كان اسحق صورته، وكان مشدوداً نحو تحقيق ما يبشِّر به وجود اسحق للمستقبل الآتي. وبمجيء يسوع الذي يتمّم الوعود، سُرَّ إبراهيم (راجع ٨: ٥٦): «وكم تشوّق أبوكم إبراهيم أن يرى يومي، فرآه وابتهج». إن زمن تحقيق الوعود قد جاء.

أعلن يوحنا إذاً، أن المسيح هو حمل الله الذي «يرفع خطيئة العالم»[٩٤]. وفي العبارة التالية يبدو التقارب واضحاً بين «حمل الله» و«عبد الله»: «لقد حمل هو آلامنا واحتمل أوجاعنا، فحسبناه مصاباً مضروباً من الله ومذلّلاً». (أش ٥٣: ٤)[٩٥]. ليس المقصود، في هذا النص من يوحنا، الخطايا الفردية الخاصة، بل خطايا البشرية كلّها؛ ليست مهمة يسوع إلغاء الخطايا الشخصية وحسب، بل وضع نهاية لمملكة الخطيئة. وهذا ما يدعو إلى التفكير بالمهمّة التكفيرية لتضحية المسيح على الصليب. هذه المهمة ذات علاقة بموضوع

---

٩٤ - هذا التعبير يذكِّر بعبارة مماثلة وردت في ايو ٣: ٥: «وتعرفون أنّ المسيح ظهر ليزيل الخطايا، وهو الذي لا خطيئة فيه».

٩٥ - إن الموازاة بين الفعلين «رفع» و «حمل» ليست تامة، ولكن يوجد تقارب في الفكرة.

«العبد المتألم» المتألم في أش ٥٣، وبالخروف الفصحيّ، الذي خلّص الإسرائيليين بدمه من الملاك المهلك. إن يسوع هو المحرّر الحقيقي الذي، بتضحيته، خلَّص الإنسان من الخطيئة.

وأخيراً يجب أن نتساءل إذا كان بإمكان يوحنا (المعمدان) نفسه أن يعلن شهادة كهذه[٩٦]. تاريخياً، يبدو هذا التساؤل صعباً، خاصة إذا حاولنا إجراء مقارنة مع معطيات الإزائيين بخصوص «المعمدان». يجب أن نبحث عن الحل في الاختيار الذي قام به الإنجيلي، إذ بدأ إنجيله بشهادة يوحنا عن يسوع، فأشار إليه كمسيح، محدّداً المهمات التي تشملها مسيحانيّته. نجد، مرّة أخرى، أن الإنشاء التاريخي قد استخدم في إنجيل يوحنا في خدمة اللاهوت؛ فالعناصر التاريخية تحتوي بذور الموضوع الذي سيتوسّع الإنجيل في شرحه. في الواقع، استعمل الكاتب التقاليد التي يعرفها بخصوص بشارة يوحنا، وأغناها بلاهوته.

يكمّل يوحنا شهادته مواصلاً ما أعلنه في اليوم السابق (آ ٢٧)، بالإضافة إلى ما ورد في آ ١٥ من المقدِّمة. يطرح مجدداً فكرة سموّ يسوع وتفوّقه، ذاك الذي قال عنه إنه «حمل الله». ولكنه يعطي السبب، هذه المرَّة: «كان قبلي» (آ ٣٠)، أما على الصعيد التاريخي، «فالمعمدان» يردّد صدى الفكرة اليهودية في عصره[٩٧]،

---

[٩٦] - هذا التساؤل ينطبق أيضاً على ما تبقّى من شهادة يوحنا.

[٩٧] - كان الاعتقاد سائداً بالعودة الاسكاتولوجيّة لوجه كبير من وجوه الماضي. وتشهد أسئلة الموفدين اليهود في يو ١: ٢١ على هذا الاعتقاد.

خاصة فكرة التيّارات الرؤيويّة التي كانت تعتقد بوجود المسيح منذ الأزل؛ سيظهر المسيح للعالم آتياً من السماء التي كان مخفياً فيها[٩٨]. إن تأكيد أزلية الكلمة، في مقدمة إنجيل يوحنا، يذهب إلى ابعد من الاعتقاد اليهودي الرؤيوي، لأن المقصود هو أزلية واقعية مطلقة. إن مفهوم الأزلية في الفكر الرؤيوي، كان يخصّ المسيح، ولكنه كان يخصّ الشريعة أيضاً، وأورشليم السماوية والأرض الجديدة، وجهنّم والفردوس. ومع ذلك فإن هذا المفهوم كان يفترض أزلية نسبية، إذ إن المقصود هو وقائع مخلوقة قبل بدء العالم وقد «وضعت في الاستيداع». بانتظار الساعة المقررة من قبل الله، لتظهر هذه الوقائع أو ليوحى بها.

تؤكد آ ٣١ دور يوحنا كشاهد: إن معمودية الماء التي يقوم بها لا تهدف إلى التكفير. إن نشاط يوحنا موظّف لإظهار المسيح لإسرائيل. جاء يوحنا لينجز مهمّة - رسالة (من أجل... أتيت)، وبشهادته أسهم في إظهار المسيح.

يخبر يوحنا، في آآ ٣٢-٣٣، كيف تمكن من معرفة هوية يسوع، ونقل هذا الأمر إلى سامعيه. لقد قال سابقاً إنه لم يكن يعرفه[٩٩] (آ ٣١ وكذلك آ ٣٣). إن الإرشاد إلى معمودية يسوع وردت في هذا المكان فقط[١٠٠]، ولم ترد أي

---

[٩٨] - أخنوخ ٣٩: ٦؛ ٤٠: ٥؛ ٤٦: ١؛ ٤٨: ٢ و٣ و٦؛ ٦٢: ٧؛ ٤ عزرا ٧: ٢٨-٢٩؛ ١٣: ٢٦ و٥٢؛ ١٤: ٩.

[٩٩] - المقصود هو التعرف إلى مسيحانيّة يسوع، وليس التعرف البسيط إلى شخصية يسوع الإنسان.

[١٠٠] - لم يحتفظ الإنجيل الرابع بأي شيء من العمل الطقسي الذي طُبّق على يسوع (أي المعمودية)، بل يمكن استنتاج هذا الحدث من النص.

كلمة عن الصوت السماوي (صوت الآب) الذي يشهد على هوية يسوع، والذي يتحدث عنه الإزائيون[١٠١]. وفي إنجيل يوحنا، الشهادة تأتي من «رسول من الله» وهو يشهد بما رأى. وفي الفصل ٥، يخبرنا الإنجيلي أن شهادة الله لصالح يسوع يمكن أن تُعطى عبر «أقنية» مختلفة. وأوّل هذه الأقنية التي أشار إليها الإنجيل الرابع هو يوحنا.

يقدِّم الإنجيليُ «المعمدان» كشاهد عيان، فهذا الشاهد قال بوضوح «رأيت الروح ينزل من السماء مثل حمامة ويستقرّ عليه...». هذا التعبير مميَّز بالنسبة لما كتبه الإزائيون[١٠٢]. رأى يوحنا الروح، وقد «استقرَّ عليه». هذا التفصيل المبتكر والمتكرر مرتين (١: ٣٢ و٣٣) يؤكد أن يسوع يمتلك الروح باستمرار، وبذلك يتم فيه ما أعلنه أشعيا: «ويحل عليه روح الرب» (أش ١١: ٢)[١٠٣]. يسوع تجاوز حدّ النبوءة: لا ينزل الروح على يسوع وحسب، بل إنه مستقرّ فيه. إن يسوع هو حقاً المسيح الموعود[١٠٤].

---

[١٠١] -راجع متى ٣: ١٧؛ مر ١: ١١؛ لو ٣: ٢٢.

[١٠٢] - بحسب متى ٣: ٦ ومرقس ١: ١، إن يسوع هو الذي رأى الروح. لو ٣: ٢٢ لا يوضح ذلك، ولكنه اكتفى بالقول «ونزل عليه الروح القدس»، دون أن يشير إلى من رآه.

[١٠٣] - إن أول أناشيد عبد يهوه يتحدث أيضاً عن حلول الروح: «هوذا عبدي الذي أعضده. مختاري... وضعت روحي عليه، فيخرج الحق للأمم». (أش ٤٢: ١).

[١٠٤] -راجع يو ٣: ٣٤؛ إن يسوع هو الذي «يهب الروح بلا حساب».

لا يعلّق يوحنا على الأحداث التي أمكنه مشاهدتها، بل يشهد علنياً بما رأى، وبما أُعطيَ له أن يفهم من قِبَل الذي أرسله ليعمّد بالماء (آ ٣٣). لا تكفي مشاهدة هذا الحدث النادر لاستشفاف سرّ يسوع. وبالفعل، فإن الله الذي أرسله ليعمِّد بالماء، يساعده على تفسير نزول الروح على يسوع. فإذا كان الروح مستقرّاً على يسوع، فلكي يعطيه يسوع إلى الآخرين. يعبِّر يوحنا الشاهد عن هذه العطية بالتحدث عن المعمودية «بالروح القدس» التي يمكن ليسوع وحده أن يقوم بها لأنه وحده ممتلئ بالروح[١٠٥].

أرسل الله «المعمدان» (يو ١: ٣ و٦) وأعطاه إمكانية التعرّف إلى يسوع المسيح: «الذي ترى الروح ينزل ويستقرّ عليه، هو الذي سيعمِّد بالروح القدس». وهكذا، أبرزت هذه الشهادة يسوع، أمام إسرائيل، كالمسيح. جعل الله يوحنا شاهداً وضَمِنَ محتوى شهادته.

بعد أن اعلمه الله أن يسوع يعمِّد بالروح، وبعد أن كان شاهد عيان على أن الروح استقرّ على يسوع، يستطيع يوحنا أن يتوّج هذه الشهادة بالقول: «وأنا رأيت وشهدت أنه هو ابن (مختار) الله». (آ ٣٤). يعود أساس هذا القول، مرَّة أخرى، إلى النشيد الأول من أناشيد «عبد يهوه» في أشعيا الثاني: «هوذا عبدي الذي أعضده، مختاري الذي سُرَّت به نفسي» (أش ٤٢: ١). إن التلميح

---

[١٠٥] - هذا الموضوع ذو صلة بفكرة «الولادة من الماء والروح» في يو ٣: ٥.

إلى هذه الآية من أشعيا يدعم الطابع المسيحاني لشهادة يوحنا ويؤيّد علاقة لقب «حمل الله» في ١: ٢٩، بموضوع «عبد الله».

من جهة أخرى، تتناسب شهادة يوحنا، في الإنجيل الرابع، مع الصوت السماوي الذي دوّى عند اعتماد يسوع، في الأناجيل الإزائية: «أنت ابني الحبيب، بك رضيت» (مر ١: ١١ وما يوازيها). يبدو أن عبارة «ابن الله»، التي تؤكدها بعض المخطوطات، هي محاولة للتقرّب أكثر فأكثر من تعبير الإزائيين.

مع آ ٣٤ تنتهي قصة شهادة يوحنا المعطاة على فترتين (آآ ١٩-٢٨ و٢٩-٣٤)، والتي تمكنّا من أن نكتشف فيها إشارة واضحة إلى مسيحانية يسوع.

ب٣- شهادة يوحنا والتلاميذ الأوائل

حتى وان كانت الآيتان ٣٥-٣٦ بداية مقطوعة جديدة[١٠٦]، فإنها تواصل شهادة يوحنا، والتي بدأت تعطي أولى نتائجها. لقد أدّى الشاهد دوره إذ أشار إلى ذلك الذي يجب أن «يظهر لإسرائيل» (آ ٣١). ويبقى إعلانه هذا ذا قيمة؛ وشهادته تفتح آفاقاً على المستقبل: ستُنْشَرُ البشرى السعيدة عبر التلاميذ الذين سيتبعون يسوع. إن الصلة مع ما سبق مؤمّن أيضاً، بواسطة

---

[١٠٦] - سنلاحظ أنه في المقطع ١: ٣٥-٢: ٢٢، يُقبل التلاميذ على الإيمان تدريجياً وذلك بمساعدة «شهود» سنجدهم مجتمعين في خطبة واحدة في ٥: ٣١-٤٧: شهادة يوحنا (١: ٣٥-٣٦؛ ٥: ٣٣)، شهادة آية قانا (٢: ١-١١) // الأعمال التي أعطى الله يسوع أن يقوم بها وشهادة الكتب المقدّسة (٢: ١٧ و٢٢// ٥: ٣٩).

التعبير الذي يدل على الزمان: «في الغد» (آ ٣٥)، وبتكرار اللقب المسيحاني «حمل الله» (آآ ٢٩ و٣٦). تسبّب شهادة يوحنا تفاعلاً متصل الحلقات، سيقود التلاميذ الأوائل إلى يسوع.

بالنسبة للإزائيين، تكوَّنت نواة الرسل الاثني عشر من التلاميذ الجليليين الأربعة[١٠٧]. ولكن أسلوب يوحنا الإنشائي بدَّل هذا الحدث؛ فالتلميذان الأولان لم يدعُهما يسوع، بل وجّهَهما يوحنا الشاهد إليه[١٠٨]. أما التلميذان الآخران فقد دعاهما الأولان، ووجدوا في يسوع، بأوصاف شتى، المسيح المنتظر (آآ ٤١، ٤٥ و٤٩).

وهذه المرَّة أيضاً، ترتبط الشهادة بالرؤية: «ونظر إلى يسوع وهو مارّ وقال...» (آ ٣٦). إنها تلك النظرة تحاول أن تخترق سرَّ الكائن.

يستعيد يوحنا، بهذه المناسبة (آ ٣٦) ما قاله البارحة (آ ٢٩): «ها هو حمل الله» ولكنه يهمل، هذه المرَّة، القسم الثاني من العبارة: «الذي يرفع خطيئة العالم». يلفت يوحنا هذه المرّة انتباه تلاميذه إلى شخص يسوع، أكثر منه إلى العمل الخلاصي الذي يقوم به. يوضح الكاتب أن التلميذين كانا مع يوحنا

---

[١٠٧] -راجع متى ٤: ١٨-٢٢؛ مر ١: ١٦-٢٠؛ لو ٥: ١-١١.

[١٠٨] - ولكن يسوع، إذ رآهما يتبعانه، دعاهما. هذا التوضيح يعيدنا إلى مبادرة يسوع في اختيار الإثني عشر: «ما اخترتموني أنتم، بل أنا اخترتكم وأقمتكم لتذهبوا وتثمروا ويدوم ثمركم...» (يو ١٥: ١٦؛ راجع ٦: ٧٠؛ ١٣: ١٨).

(آ ٣٥)، وقد تبعا يسوع لأنهما سمعا شهادته (آ ٣٧)[١٠٩]. والآن، أنهى يوحنا دوره ويمكنه أن يخرج من المسرح. وسيتولّى التلاميذ الآن أمر الشهادة لصالح يسوع.

ج- ملخَص

هذه المقطوعة سمحت لنا بمتابعة مغامرة الشاهد الأول الذي استدعاه الإنجيل الرابع للمثول أمام قوس المحكمة. لم يُقدَّم يوحنا كمعمدان بل كشاهد، لقد أرسله الله ليشهد ليسوع، ولذلك فإنّ شهادته ذات مصدر إلهي وتستحق الانتباه.

يركّز يوحنا شهادته على شخص المسيح، فيروّض أولاً كل تفسير خاطئ لرسالته: إنه ليس المسيح المنتظر، ولا إيليا ولا النبي؛ إن رسالته هي ان يدلّ على من يأتي بعده فيعرّف الشعب عليه. بهذه الطريقة أسهم يوحنا في أن يُظهر للعالم هوية يسوع. يدلي يوحنا بشهادته مستعملاً ألقاباً متعددة لوصف يسوع، ومصدره، ورسالته في العالم. إن هذه الألقاب ذات جذور بيبليّة، وقد أُعطيت ليسوع فشهدت لاكتمال الوعود به.

تستند الشهادة على «الرؤية». أدرك يوحنا أن يسوع هو المسيح عندما رأى الروح نازلاً، ثمّ «استقرّ عليه». لمرّات متعددة كانت كلمات يوحنا مسبوقة «بنظرة» أو «برؤية». فالعلاقة بين الشهادة والرؤية بارزة في اختبار يوحنا.

---

[١٠٩] - استعيدت الفكرة في آ ٤٠: «أحد التلميذين اللذين سمعا يوحنا فتبعا يسوع».

لم تترك شهادة يوحنا المستمعين إليها غير مبالين. لفت يوحنا نظر اثنين من تلاميذه إلى يسوع فتبعاه، وأصبحا نواة التلاميذ الأوّلين.

ولكن الناس لا يتصرفون كلهم بالطريقة عنها لدى سماع الشهود. فالذين استدعوا هذه الشهادة الأولى لصالح يسوع بأسئلتهم للمعمدان، هم نفسهم يقدِّمهم الإنجيل كأخصام ليسوع. وستتاح لهم فرصة التماس شهود آخرين، ليجدوا مادة تساعدهم على اتّهام يسوع (راجع ٨: ٦)، ثم الحكم عليه بالموت.

٢- الشهادات حول رسالة المسيح (يو ٥: ٣١-٤٧)

في يو ١: ١٩ - ٤: ٥٤، يصف الإنجيلي الوحي الأساسي الذي قدّمه يسوع والجواب البشري على ظهور مجد ابن الله. أُتيح لنا، في الفصول الأربعة الأولى، أن نرى عدم إيمان اليهود ورفضهم للوحي. ولكن الجو يتغير، ابتداءً من الفصل الخامس، ويشتدّ العداء، وتبدأ المناظرات الفعلية بين يسوع وأخصامه. وفي ٥: ١٦ يدور الحديث، للمرة الأولى، حول اضطهاد يسوع من قبل اليهود، وفي ٥: ١٨ يظهر التعبير: «فازداد سعي اليهود إلى قتله». وهكذا شرع يسوع في الدفاع عن نفسه بوجه متّهِميه.

من جهة أخرى، وفيما نجد في القسم الأول شخصيات متعددة مشاركة في الدراما الإنجيلية[١١٠]، نجد، ابتداءً من الفصل ٥ (وحتى الفصل ١٢) أن محاوري يسوع الرئيسيين هم اليهود وحدهم.

[١١٠] - مع يسوع، وردت شخصيات أخرى: يوحنا «المعمدان»، التلاميذ، اليهود، السامرية ونيقوديموس.

أ- دراسة أدبية

أ١- الإطار

نجد في الفصل الخامس مشهداً نموذجياً عند يوحنا: آية - حوار - خطبة. يتضمّن هذا المشهد وحدة موضوع تترابط أقسامه جيداً. تبدأ القصة بشفاء مريض، وهذه القصة ذات إطار محدّد تماما، لجهة المكان (في أورشليم، قرب باب الغنم)، ولجهة الزمان (يوم السبت أثناء عيدٍ يهودي[١١١]). وقد تركز الاهتمام على انتهاك شريعة استراحة السبت[١١٢] (تكررت ٤ مرات: آآ ٩ و١٠ و١٦ و١٨). جرى تبرير هذا الانتهاك بطريقة غير منتظرة زادت صدمة اليهود: «أبي يعمل في كلّ حين، وأنا أعمل مثله» (آ ١٧). كلام الوحي هذا هو استفزاز لليهود، غير مقبول «لأنه مع مخالفته الشريعة في السبت، قال إنّ الله أبوه، فساوى نفسه بالله» (آ ١٨). ويتحوَّل الانتباه عن انتهاك حرمة السبت[١١٣] إلى موضوع هوية

---

[١١١] - لا يوضح يوحنا العيد المقصود. المهم بالنسبة للإنجيلي أن الأعجوبة حصلت يوم السبت.

[١١٢] - من الملاحظ، مع ذلك، أن الإشارة إلى السبت لا تظهر إلاّ لاحقاً، بعد رواية حدث الشفاء. ومثل كل مرّة، تفتح هذه الإشارة الجدال حول تصرّف يسوع.

[١١٣] - في يو ٧: ١٩-٢٤ يبرر يسوع عمله في يوم السبت مستنداً على الشريعة. يتبع تحليلاً رابينيّاً للردّ على أخصامه. وتشهد الشريعة مرة أخرى، لصالح يسوع ورسالته.

يسوع وادّعاءاته. ونعلم أن يسوع لا يريد أن يكون معتبراً كشافي مرضى أو مجترح معجزات وحسب؛ بل يريد أن يوحي بهويته وبعلاقته الفريدة مع الآب.

تُقدَّم خطبة يسوع كمرافعة ذات شقّين. في القسم الأول (٥: ١٩-٣٠) يُظهر يسوع مصدر تصرفه ومضمونه. فالمهمة التي أعطاها الآب للابن، تجسّد مشروع الله الخلاصي لصالح البشر: إحياء الموتى وممارسة الحكم بين الناس.

في القسم الثاني من الخطبة (٥: ٣١-٤٧) يُقدِّم يسوع شهادات مؤيِّدة للرسالة التي يقوم بها. إن الحاجة إلى شهود نتجت عن حادثة انتهاك شريعة السبت لدى شفاء مريض، وهو، أكثر من ذلك، قد تجرأ على أن يعلن ذاته ابن الله (راجع آية ١٨)[١١٤].

لا نجد في أي مكان من التقليد الإزائي خطبة دفاعية موسَّعة ومدعومة بالحجج والبراهين، مثل هذه الخطبة التي تسعى إلى دعم وتأييد تصريحات يسوع وأعماله. ربما نجد في إنجيل يوحنا انعكاس مرافعات الكنيسة الأولى المصطدمة باحتجاجات اليهود. إنها مرافعة مبنية على كلمات يسوع ذاته، توسعت الجماعة اليوحنوية في شرحها انطلاقاً من اختبارها، وقدمتها بطريقة منسَّقة.

---

[١١٤]- راجع أيضا التوسع في هذه المواضيع في القسم الأول من الخطبة (آ آ ١٩-٣٠).

أ٢- التقسيم والبنية

إن نص يو ٥ : ٣١-٤٧ شديد الارتباط بما سبقه. والتقسيم المقترح يساعدنا على قراءة متيقظة لخطبة يسوع المتمحورة حول الشهادات. في الواقع تشكّل هذه المقطوعة وحدة محدّدة داخل نص أوسع، ذات بناء مُحكم.

كان يسوع قد أتمّ شفاء مريض يوم السبت. وليبرّر هذا العمل تجاه اعتراضات اليهود، استحضر حجة علاقته الفريدة بالآب: «أبي يعمل في كلّ حين، وأنا أعمل مثله» (آ ١٧). بهذا العمل، ظهر يسوع كمن له السلطة بأن يعطي الحياة ويدين الجميع تماماً كالآب. هذه الادعاءات الإلهية تشكّل إهانة لليهود، ويعتبرونها تجديفاً. وفي مواجهة هذه الأقوال، يمكننا أن نفترض احتجاجاً ضمنياً من قبل اليهود[115]: «من يستطيع أن يتحمل ينسب لذاته مثل الادعاءات هذه التي لا تُحتمل؟» ويسوع يعرف المبدأ القانوني الذي يفرض الشهادة المزدوجة لتأكيد عمل أو رأي (راجع تثنية ١٧: ٦ عدد ٣٥ : ٣٠)، وهو

---

١١٥ - هذا الاحتجاج سيتم التعبير عنه بوضوح في ٨: ١٣«أنت تشهد لنفسك، فشهادتك باطلة».

مستعد لردّ التحدي. فالذين يشهدون لصالحه كثيرون، كما تقضي الشريعة، وبالتالي لم يعد هناك من عذر لعدم الإيمان بأقوال يسوع[116].

تبدأ المقطوعة بكلام يسوع الذي يقرّ بضرورة وجود شهود. وهي تذكِر، منذ البداية، بالشهادة الأكثر اعتباراً في نظر الإنجيلي: «لو كنت أشهد لنفسي لكانت شهادتي باطلة. ولكنّ غيري يشهد لي، وأنا أعرف أنّ شهادته صحيحة» (آ ٣١-٣٢). هاتان الآيتان تعلنان عن الموضوع وتشكّلان مدخلاً للنص ككلّ.

طيلة هذه المقطوعة استُدعي عدد من الشهود للإدلاء بشهادتهم ودعم أقوال يسوع. وبالواقع، فقد أعلن يسوع عن هويته، وأكّد الشهود ذلك. وكل الشهادات المدرجة ليست في الواقع سوى تشعّبات من شهادة الآب الفريدة[117]، كما مصدر كل شهادة أخرى. وبالواقع، فإن شهادة الآب يمكنها أن تثبت يسوع كابن الله، وتبرّر بالتالي ما أعلنه هو عن هويته. يمكننا أن نميّز بين الشهادات الإلهية المباشرة والشهادات غير المباشرة، مثل شهادة الأنبياء: يوحنا (المعمدان) وموسى.

---

[116] - نجد الفعل «آمن» Pistéuo ٥ مرات في آ ٤٤، ٤٦ (مرتان) ٤٧ (مرتان). إن هذا الفعل هام في العلاقة بين الشهادة والإيمان. إن الشهود الذين يؤيّدون أقوال يسوع هم نقيض عدم إيمان اليهود.

[117] - إن كلمة «آب» Pater وردت ٥ مرات: آ ٣٦ (مرتان) و٣٧ و٤٣ و٤٥ التي يجب أن يضاف إليها تعبير آ ٣٢: «آخر».

توجد الشهادات الإلهية (الأعمال - الآب - الكتب، آآ ٣٦-٤٠) في وسط موازاة مزدوجة:

- في موازاة شهادة يوحنا (آ ٣٣) نجد شهادة موسى (آآ ٤٥-٤٧)، وهي موضوع اهتمام خاص من قبل اليهود.

- نلاحظ الموازاة الثانية بين الآيتين ٣٤ و٤١: لا ينتظر يسوع شهادات بشرية (آآ ٣٤-٣٥)؛ في الخط ذاته، فإنه لا ينتظر المجد الآتي من البشر (آ ٤١).

انطلاقاً من هذه الملاحظات يمكننا اقتراح البنية التالية:

مقدِّمة: شهادتي ليست مقبولة، ويشهد لي «آخر» (آآ ٣١-٣٢).

أ- شهادة بشرية من يوحنا المعمدان (آ ٢٣).

ب- لا يستمدّ يسوع الشهادة من إنسان (آآ ٣٤-٣٥).

ج- شهادات إلهية:

١- شهادة الأعمال التي أعطاه الآب أن يقوم بها (آ ٣٦).

٢- شهادة الآب الذي أرسله (آآ ٣٧-٣٨).

أ*- شهادة الكتب (آآ ٣٩-٤٠).

ب*- يسوع لا يستمدّ مجداً من إنسان» (آ ٤١).

* يسوع الآتي باسم الآب لا يحظى بقبول اليهود له (آآ ٤٢-٤٤).

أ*- شهادة موسى البشرية (آآ ٤٥-٤٦).

خلاصة: عدم إيمان اليهود بالرغم من الشهادات لصالح يسوع (آ ٤٧) تستعيد آآ ٤٢-٤٤ الموضوع الذي يقدِّم كمرسل من الآب، وهذا ما يؤكد، مرَّة أخرى، مصدر يسوع الإلهي وصحة ادعاءاته.

ستُستعاد الشهادات المذكورة في هذه الخطبة ويجري التوسع بتفسيرها في مكان آخر من إنجيل يوحنا. نجد صدى موضوع قيمة شهادة يسوع عن نفسه وصحة هذه الشهادة، في ٨: ١٣-١٩. قدِّمت شهادة يوحنا بإسهاب في ١: ١٩-٣٤ ثم في ٣: ٢٢-٣٦. وقدِّمت الآيات كشهود في ١٠: ٢٢-٣٩. ودعم الآب شهادة يسوع لنفسه ليحافظ على فرائض الشريعة (٨: ١٨). أخيراً، نجد في ٦: ٣٠-٥٩ مثلاً مفصّلاً عن الطريقة التي تشهد بها الكتب لصالح يسوع الذي أعلن أنه «خبز الحياة»: قام يسوع بنوع من القراءة التفسيرية لقصة المنّ (حز ١٦: ٤-٥)، وطبّق القصة على ذاته[١١٨].

انطلاقاً من هذه الملاحظات نقدِّم النص المبني بحسب التقسيم المقترح:

مقدِّمة: الفصل ٥ [٣١] لو كنتُ أشهدُ لِنفسي، لكانت شهادتي باطِلةً. ولكن غَيري يَشهَدُ لي، وأنا أعرف أنَّ شهادتَهُ صحيحةٌ.

---

[١١٨] - يمكن أن نجد دراسة مفصلة لأوجه الموازاة بين الشهادات المقدَّمة في الفصل ٥، في المرجع التالي:

V.C. Von Wahlde, *The Witnesses to Jesus in John 5: 31-40 and Belief in the Fourth Gospel,* CBQ, 43(1981), pp. 385-404.

أ)-[٣٣] أَرسلتُم رُسُلاً إلى يوحنَّا، فشهد يوحنا لِلحقِّ.

ب)-[٣٤] لا أعتمدُ على شهادةِ إنسانٍ، ولكنِّي أقولُ هذا لِخلاصِكُم. [٣٥] كان يوحنا سِراجاً مُنيراً ساطِعاً، فرضيتُم أن تبتهجوا فترةً بنورِهِ.

ج)- الشهادات الإلهية:

أ- [٣٦] لي شهادةٌ أعظم من شهادةِ يوحنا: لي أعمالي التي أعطاني الآب أن اعمَلَها، وهذِهِ الأعمالُ التي أعمَلُها هي نفسها تشهَدُ لي بأن الآبَ أرسلَني.

ب- [٣٧] والآب الذي أرسلَني هو يشهدُ لي. ما سمعتم صوتهُ مِن قبلُ، ولا رأيتم وجهَهُ، وكلامُهُ لا يثبتُ فيكم، لأنكُم لا تؤمنون بالذي أرسله،

أ- [٣٩] تفحصون الكُتبَ المُقدَّسةَ، حاسبين أنَّ لكُمْ فيها الحياة الأبدية، هي تشهدُ لي، [٤٠] ولكنكم لا تريدونَ أن تجيئوا إليَّ لتكونَ لكم الحياة.

ب)- [٤١] أنا لا اطلب مجداً من عندِ الناس،

*[٤٢] لأني عرفتكم فعرفت أن محبة الله لا محل لها في قلوبكم. [٤٣] جئتُ باسمِ أبي، فما قبلتموني، ولو جاءكم غيري باسمِ نَفسِهِ لقبلتموهُ. [٤٤] وكيف تؤمنون ما دمتم تطلبون المجد بعضكم من بعضٍ، والمجد الذي هو من اللهِ الواحد لا تطلبونَهُ؟

أ*) [٤٥] لا تظنوا أنِّي أشكوكم إلى الآب، فلكم من يشكوكم: موسى الذي وضعتم فيهِ رجاءكُم. [٤٦] ولو كنتم تصدقون موسى لصدقتموني، لأنهُ كتبَ فأخبَرَ عَنِّي.

خلاصة: [٤٧] وإذا كنتم لا تصدِّقونَ ما كتبهُ، فكيف تصدقون كلامي؟».

ب- قراءة لاهوتية

ب١- مقدِّمة

في البداية، يستعيد يسوع مبدأً قضائياً كلاسيكياً معروفاً جداً: «لو كنتُ أشهدُ لِنفسي، لكانت شهادتي باطِلةً.» (آ ٣١)، هذا التأكيد يعيدنا إلى

تثنية ١٩: ١٥: «لا يقوم شاهد واحد على إنسان في ذنب ما أو في خطيئة ما من جميع الخطايا التي يخطئ بها؛ على فم شاهدين أو على فم ثلاثة شهود يقوم الأمر»[119]. ولكن، حتى لو كان هذا الأمر ما يزال ساري المفعول في أيام يسوع، فإنه لا ينطبق، كما هو وارد، على ما قاله يسوع. وبالفعل، فإن الشهود المدعوين للشهادة يجب ألا يؤكدوا وقائع يمكن أن تشكّل منطلقاً للاتّهام.

في المقطوعة التي ندرسها، نجد أشخاصاً شهدوا لصالح يسوع. إنها شهادات تدور حول شخص المسيح بالذات؛ المعنى مختلف إذاً عن المعنى الذي نجده في العهد القديم. وقد توسّع تطبيق هذا المبدأ، في التقليد الرابّيني حيث قيل: «لا تصحّ شهادة أي إنسان عن نفسه؛... لا يستطيع أي إنسان أن يشهد لصالحه الشخصي»[120].

عندما ذكّر الفريسيّون يسوع، في ٨: ١٣، بفريضةِ الشريعة هذه، أجابهم أن شهادته الشخصية كافية، وأعطى سبباً لذلك (٨: ١٤-١٨). يبدو أن هذا الأمر متناقض مع ما أعلنه في بداية النص الذي نحن بصدد درسه. ولكن التعبيرين

---

[119] - وفي المعنى ذاته، أنظر نصوصاً أخرى مثل تثنية ١٧: ٦، عدد ٣٥: ٣٠ دا ١٣: ٣٦-٤١. وفي الأناجيل الإزائية، ومن أجل احترام هذا المبدأ القضائي، اهتم رؤساء اليهود بإيجاد شهود ليتمكنوا من الحكم على يسوع (راجع مر ١٤: ٥٥-٥٩).

[120] - ميشنا، كتوبوت ٢، روش هاشنا؛ راجع أيضاً:

(Michnah, Ketuboth, 2: 0; Rosh Ha-Shanah 3: 1)

اللذين ينتميان إلى إطارين مختلفين، هما متكاملان. في ٥: ٣١، يجري التركيز على تعلّق يسوع بالآب، كما يبدو من الموضوع المهيمن على الخطبة السابقة: «لا يقدر الابن أن يعمل شيئاً من عنده، بل يعمل ما رأى الآب يعمله» (٥: ١٩)؛ وأيضاً «أنا لا أقدر أن أعمل شيئاً من عندي. فكما أسمع من الآب أحكم، وحكمي عادل» (٥: ٣٠). يحوِّل يسوع الانتباه إلى شهادة «آخر» (آ ٣٢)، وهذا الآخر هو الوحيد القادر على تأكيد مصداقيّة رسالة يسوع. أما الموضوع المهيمن في الفصل ٨، فهو سلطة الابن وقيمة كلمته[١٢١]؛ فمن الطبيعي، أن يظهر يسوع، في هذا الإطار، كشاهد موثوق بشهادته. إنه يعلن، في ٨: ١٤-١٨، أن شهادته صادقة لأنه يعرف من أين جاء وإلى أين يذهب، وقد استمدّ هذه السلطة من مصدره الإلهي. لذلك يستطيع أن يؤكد: «الذي أرسلني صادق، وما سمعته أقوله للعالم» (٨: ٢٦؛ راجع ٣: ٣١-٣٢). إن العلاقة الفريدة مع الآب تعطي وزناً لشهادة يسوع.

---

[١٢١] - إن خطبة يسوع في ٨: ١٢-٥٩ محددة بالآيتين (١٢ و٥٨). والنص موحَّد بكثرة استخدام التعابير المتعلقة «بالكلمة» الصادرة من فم يسوع (٢٩ مرة في ٤٧ آية): "تكلم" (٨: ٢٥ و٢٦[٢] و٢٨ و٣٨ و٤٠ و٤٤[٢])، "قال" (٨: ٣٤ و٤٥ و٤٦ و٥١ و٥٤ و٥٧)، "كلام" (٨: ٤٣)، "قلت" (٨: ٢٤ و٥٥)، "كلمتي" (٨: ٣١ و٣٧ و٤٣ و٥١ و٥٥)، "أقوال" (٨: ٤٧)، "أشهد" و"شهادتي" (٨: ١٤[٢] و١٧ و١٨[٢]). كما يمكن الرجوع إلى القسم الأول من هذا الكتاب بخصوص هذا الموضوع.

في ٥: ٣٢، يعلن يسوع عن الشهادة الأساسية والتي تبدو كافية لتؤكّد أقواله. يستدعي يسوع شهادة «آخر»، دون أن يعطي إيضاحات إضافية[١٢٢]. بحسب العادة في الأسلوب اليوحنوي، تكون بداية الحدث مع إشارة مبهمة تلفت الانتباه وتدعو السامعين إلى البحث، ثم يبدأ الإنجيلي بتوضيح معنى النص تدريجياً. «فالآخر» لا يعلن عن اسمه فوراً؛ وكلما تقدمنا من النص كلما ازداد الوضوح. وفي آ ٣٧ يكشف السر: الشاهد الموثوق به هو الآب[١٢٣].

تشمل هذه الشهادة الأساسية كل الشهادات التي ستلي والتي يعود أصلها في النهاية إلى الآب.

نلاحظ أن يسوع لم يكتفِ بالقول: إن شهادة هذا «الآخر» (الآب)، شهادة قيّمة. ولكنه يقول، بتركيب أقوى مدهش: «وأنا أعرف أنّ شهادته صحيحة».

---

١٢٢ - إن محاولة اعتبار «الآخر» يوحنا (المعمدان)، تكذّبها الآيات التالية (٣٣-٣٥). وكذلك ليس من المعقول أن يحصل تماهي هذه الشخصية السريّة مع موسى بالاستناد إلى موازاة مزعومة بين آآ ٣١-٣٢ و٤٦-٤٧ كما فعل "إلّيس":

P. Ellis, *The Genius of John*, a Composition-Critical Commentary of the Fourth Gospel, The Liturgical Press, Collegeville, 1984, p. 94.

١٢٣ - X. Léon-Dufour (Jean, II, p. 66) «أشار بوضوح، أن تعبير «الآخر» الذي يعود إلى الله موجود في العهد الجديد منفرداً... ودور هذا التعبير هو الإشارة إلى أن الآب مميَّز عن الابن... وبذكر تعبير: «آخر» يثير يسوع سامعيه وينبههم: ليس الأمر موجهاً إلى موقفهم تجاه المتَّهم الذي يحدِّثهم وحسب، بل إلى موقفهم تجاه «آخر» سواه.

هذا التفصيل يؤكّد على علاقة الابن بالآب، كما يدل التعبير الوارد في الخطبة السابقة: «فالآب يحبّ الابن، ويُريه كلّ ما يعمل» (٥: ٢٠). وأمام قبر لعازر سيقول يسوع للآب: «وأنا أعرف أنّك تستجيب لي في كلّ حين» (١١: ٤٢). إن تأكيد صحّة هوية يسوع ورسالته من قِبَل الآب، ليس برهاناً بديهياً بذاته، فيسوع وحده يعرف الطابع غير القابل للشك والنقض في شهادة الآب. وبالفعل، لم يفهم اليهود ذلك، وظلوا مقوقعين في عدم إيمانهم.

ب٢- شهادة يوحنا البشريّة

بعد هذه المقدِّمة يذكر يسوع الشاهد الأول، وهو يوحنا الذي سبق أن استجوبه اليهود. في الواقع، تجعلنا آ ٢٣ نفهم أن الشهادة المذكورة هي التي أعلنها يوحنا في ١: ١٩-٣٤ أمام المرسَلين من قبل اليهود: «أرسلتم رسلاً إلى يوحنا، فشهد يوحنا للحقّ». فيوحنا، الذي أرسله الله (راجع ١: ٧) كان وفيّاً لرسالته التي أوكلها الله إليه، وساهم، من خلال شهادته في أن يُظهر المسيح لإسرائيل (راجع ١: ٣١).

نجد في النص التعبير التالي: «شهد يوحنا للحقّ» وليس «شهد يوحنا لي»، كما فعل الشهود الآخرون الذين ذكرت شهاداتهم (آآ ٣٢ و٣٦ و٣٧ و٣٩). هذا التعبير لا يعني «قول الحقيقة» وحسب، أو «تأكيد الحقيقة»، بل يوازي

بالضبط وَحْياً بخصوص المسيح، لأن كلمة «حقّ» تدل غالباً على الوحي في الإنجيل الرابع"[١٢٤].

بالواقع، إن مفهوم يوحنا «للحقّ» مغاير للمفهوم الهلّينيّ العقلاني، الذي يعتبر أن ال aletheia هي الشيء الحسي الواقعي، أي جوهر الكائن الذي يظهر للعقل. أمّا الحق بالنسبة ليوحنا، فهو وحي الآب للإنسان، والذي نقله يسوع. ولكن يسوع ليس أداة تنقل الوحي وحسب، ففيه كمال الوحي ونهائيته. إن حقيقة الله تبرز من خلال بشارة يسوع وأعماله وبذل حياته (راجع ٨: ٤٠ و٤٥-٤٦؛ ١٦: ٧). ويسوع، في الإنجيل الرابع، يتماهى مع الحقيقة (راجع ١٤: ٦). وروح الحق[١٢٥] يقوم بمهمة تنشيط الإيمان بالمسيح الحق، وجعل هذا الحق فاعلاً في قلب المؤمن. وهكذا، ليس الإنسان مدعواً إلى امتلاك هذه الحقيقة بجهود ذهني، بل إلى استقبالها في حياته ليعيش بموجبها[١٢٦].

---

[١٢٤] "إن الحقيقة، بالنسبة ليوحنا، هي موهبة الوحي التي يعطيها يسوع المسيح"
.Cf. I. De la Potterie, *Vérité*, II, p. 1009

[١٢٥] -راجع ١٤: ١٧؛ ١٥: ٢٦؛ ١٦: ١٣؛ ١ يو ٤: ٦؛ ٥: ٦.

[١٢٦] - لتعميق هذه الدراسة راجع أطروحة I. De la Potterie, 2 Vol ويمكن قراءة ملخص لهذه الدراسة في *La verità in San Giovanni* dans "Rivista Biblica Italiana", anno XI, N. 1 (1963) pp. 3-24.

تقدَّم يوحنا إذاً كشاهد للوحي المسيحاني[١٢٧] ، وقد رأينا كيف عرّف الشعب على من سيأتي بعده (١: ٢٧ و٣٠)، كحمل الله (١: ٢٩)، والذي سيعمّد بالروح القدس (١: ٣٣) كمختار الله (١: ٣٤). لقد بشّر يوحنا إذاً بذلك الذي كان حضوره، بنظر المعمدان، مجيء الأزمنة الأخيرة[١٢٨].

مهما كانت أهمية هذه الشهادة البشرية، فإن يسوع قد جعلها نسبيّة[١٢٩] (آ ٣٤). ولكن إذا تحدث عن هذه الشهادة، فذلك من أجل خلاص سامعيه. فقد كان اليهود يعتبرون يوحنا نبيّاً عظيماً[١٣٠]، وتؤكد هذا الأمر النصوص الإزائية حول

---

١٢٧ - يستعمل الإنجيلي لاحقاً التعبير نفسه ليتحدث عن شهادة المسيح: «أنا وُلدتُ، وجئتُ إلى العالم حتى أشهد للحقّ» (١٨: ٣٧). في موضوع الفارق بين الشهادتين، راجع I. de la Potterie, *Jean-Baptiste et Jésus, témoins de la vérité d'après le IVè évangile,* dans "le témoignage", Colloque E. Castelli, Aubier, Paris, 1972, pp. 317-329.

١٢٨ - "إن يوحنا، إذ شهد للحق، شهد أيضاً ليسوع، ولصالح المسيح الذي اعتبره اكتمال وحي الأزمنة الأخيرة" Cf. I. De la Potterie, *Vérité,* I, p. 98.

١٢٩ - هذا يدل على أن «الآخر» الذي تحدّث عنه يسوع لم يكن يوحنا المعمدان.

١٣٠ - نجد شهادة مهمة من فلافيوس يوسيفوس بخصوص «المعمدان» في كتابه *Antiquités Juives,* XVIII, 116 - 119 (Cf. Flavius Josèphe, *Un témoin juif de la Palestine au temps des Apôtres,* présentation par J.-P. Lemonon, Documents autour de la Bible, Cerf, Paris, 1988, pp. 50 - 51)

«المعمدان». يذكّر يسوع أخصامه بحماستهم تجاه «المعمدان»: فيوحنا «كان سراجاً منيراً ساطعاً» (آ ٣٥)، وهذا وصف أعطاه العهد القديم للأنبياء الكبار[١٣١] ، تتصل هذه الآية ب ١: ٨ حيث الفرق واضح بين يوحنا و«الكلمة» الذي هو النور الحق؛ ليس الشاهد سوى سراج يستمدّ نوره من المسيح. ولكن يتغلب عدم الإيمان، في النهاية، على المنفعة التي قدَّمها المعمدان لليهود. فقد اكتفى اليهود بأن يتنعموا «ساعة» بضوئه، أي لوقت قصير جداً.

هذا الموقف يتعارض مع فعل «شهد» المستعمل في اللغة اليونانية (mémartureken) بصيغة تعبّر عن عمل مضى، ولكن مفعوله ما يزال مستمراً. وبالواقع فإن يوحنا، بالنسبة للإنجيلي وللكنيسة الأولى، لم يكن من الماضي، ولكنه شاهد حيّ ودائم لصالح المسيح، شهادته تصلح لكل وقت. يلوم يسوع اليهود لأنهم لم يتلقّوا الرسالة التي حملها إليهم يوحنا، ولم يفهموها؛ وبالتالي لم يعترفوا بحمل الله (راجع ٢٩، ٣٦) ومختار الله (راجع ١: ٣٤).

ب٣- شهادة الأعمال الإلهية

الشهادة الثانية التي أشار إليها يسوع هي شهادة «الأعمال». إن هذه الشهادة، بالنسبة إليه، أكثر أهمية من شهادة يوحنا: «أما أنا فلي شهادة أعظم

---

[١٣١] -راجع حك ٤٨: ١: «إنها تشير إلى داود (راجع اصمو ٢١: ١٧)؛ هذا المصباح يشير أيضاً إلى الأمل بتجدد سلالة داود:» «وأعطي ابنه سبطاً واحداً، ليكون سراج لداود عبدي كل الأيام وأمامي في أورشليم...» (امل ١١: ٣٦؛ راجع ٢مل ٨: ١٩؛ ٢ أخ ٢١: ٧).

من شهادة يوحنا: «لي أعمالي التي أعطاني الآب أن أعملها» (آ ٣٦). وبذلك ننتقل إلى مستوى أعلى من الشهادات. صحيح أن يوحنا تصرّف كمرسل من الله، ولكنه ظلّ إنساناً، بشراً يشهد. وبالعكس، فشهادة الأعمال هي شهادة الآب، وهو الوحيد القادر أن يعطي شهادة لا نقص فيها، تؤكّد أقوال يسوع.

عندما يتحدّث يسوع عن «أعماله» فإنه يشير إلى الآيات التي يحقّقها، وإلى رسالته بكاملها. تُقدَّم الأعمال كعطية من الآب للابن، وهي تدخل أيضاً ضمن «رسالة»؛ أُعطيت هذه الأعمال ليتمّ إنجازها! لا يجب التفكير بحدث خاص أو بأعجوبة محدَّدة أنجزها يسوع، ولكن هذا الأمر هو مبدأ ينطبق على رسالته كلها. ما يقوم به يسوع يدخل في مخطط الآب الخلاصي: إنه إتمام لمشروع الآب. والأعمال المنجزة بالاتحاد مع الآب تشهد لمصدر يسوع الإلهي، كما تشهد لصدقيّة رسالته، وتستحث الإيمان به. تساءل الجليليّون، في الفصل ٦: «كيف نعمل ما يريده الله (أعمال الله)؟» (٦: ٢٨)، بمقابل الأعمال المتعددة التي كانوا مستعدّين لإنجازها، أورد يسوع «عمل الله»[١٣٢]الأهم الذي يجب القيام به لمرضاة الله، وهو العمل الذي ينجزه الله في المؤمن: «أن تؤمنوا بمن أرسله، هذا ما يريده الله (عمل الله)» (٦: ٢٩).

---

[١٣٢] - إن التعبير اشتمل بصيغة المفرد والجمع، والصيغتان تتكاملان: الأعمال هي عطية الآب ليسوع وتشهد له. وهذه الشهادة تؤمّن إمكانية «عمل الله»، أي الإيمان بيسوع المرسل من الآب.

ب٤- شهادة الآب

تستحق الشهادة المنسوبة إلى الآب، بنوع خاص، اهتماماً خاصاً. وردت هذه الشهادة في الآيتين ٣٧ و٣٨. الآن يكشف يسوع عن هوية ذلك «الآخر» الذي يشهد له، لصالحه (راجع آ ٣٢). إن الفكرة الواردة في الآيتين المذكورتين تحتل مكاناً مركزياً بالنسبة للخطبة كلها، وكذلك بالنسبة للشهادات الإلهية، بالأعمال وفي الكتب (آ ٣٦ و٣٩). إن هاتين الشهادتين تستندان، في الواقع، على سلطة الله. تعطي شهادة الآب ليسوع صدقيته، وتنحسر باقي الشهادات أمام هذه الشهادة.

إن الإصرار على هذا التأكيد: «الآب أرسلني» (آ ٣٦)، يؤمّن ترابط الخطبة وتسلسلها. وكما يدّل استعمال صيغة الماضي المتواصل في فعل «أرسل»، فإنه يعطي الشهادة مفعولاً مستمراً ودائماً. ولا يمكن أن يعني ذلك شهادة مباشرة من الآب، كالصوت السماوي مثلاً، والذي أشار إليه الإزائيون[١٣٣] أثناء المعمودية؛ إن الإنجيل الرابع ينقل هذا الحدث-الشهادة من خلال الاعتراف العلني الذي أدلى به يوحنا (راجع يو ١: ٣٤). من الممكن أن يشير يسوع إلى وحي ميثاق سيناء وبذلك تكون شهادة الآب لصالح يسوع، الوحي السابق لشعبه.

---

[١٣٣] -راجع متى ٣: ١٧؛ مر ١: ١١؛ لو ٣: ٢٢.

أعطيت شهادة الله في العهد القديم عبر كتبه وعندما أبرز الله عهده للشعب المختار، هدف إلى تحقيق هذا العهد بالابن الوحيد. والآن، فإن يسوع الذي أرسله الآب سيفتح الطريق أمام تأوين الكتب لتصير «كلمة» متجسدّة؛ فبيسوع تمّت الكتب. ومن حديث الإنجيلي عن شهادة الآب لصالح الابن، يمكن أن نستنتج أيضاً الفكرة التالية: يسوع الذي وجد به كل تاريخ الخلاص اكتماله، يشهد على وفاء الآب بعهوده وعلى حقيقة كلامه. والمرسل، هو أيضاً بشخصه، الشاهد الأساسي على حب الآب للعالم؛ ورفض الإيمان به، يعني انغلاقاً بوجه هذا الحب (راجع ٥: ٤٢).

ومن جهة أخرى، تتحوّل شهادة الآب ليسوع إلى اتهام لليهود: «... ما سمعتم صوته من قبل، ولا رأيتم وجهه، وكلامه لا يثبت فيكم، لأنكم لا تؤمنون بالذي أرسله». (آآ ٣٧-٣٨).

يتذمّر يسوع من عدم انفتاح سامعيه على الوحي الإلهي[١٣٤]. إن الكلمة الإلهية لا تحلُّ فيهم لأنهم يرفضون قبول مرسل الآب. هذا الرفض يُظهر أن الوحي السابق في العهد القديم لم يُقبل أيضاً.

---

[١٣٤] - يشير يسوع إلى التأكيدات الواردة في تثنية ٥: ٢٤: «وقلتم هوذا الرب إلهنا قد أرانا مجده وعظمته، وسمعنا صوته من وسط النار. هوذا اليوم قد رأينا أن الله يكلم الإنسان فيحيا». وكذلك في سيراخ ١٧: ١٣: «فرأت عيونهم عظمة مجده، وسمعت آذانهم مجد صوته».

ب٥- شهادة الكتب

استجوب اليهود يوحنا (المعمدان)، كما تقصّوا الكتب وفتّشوا فيها باستمرار. يُبرز يسوع اهتمام سامعيه بالكتب: إنهم يعرفون سلطتها «ويتقصّونها» أو «يفحصونها»؛ لذلك كان يجب أن يكونوا مؤهلين لقبول يسوع. إن فعل (éraunein) «تقصّى، فحص» هو كلمة تقنية مستعملة للتعبير عن دراسة الكتب المقدسة، وتقابلها في العبرية فعل «درش» الذي اشتقت منه كلمة «مدراش». إن المواظبة على دراسة التوراة، والتفتيش عن المعاني المتعددة للكتب، كانت نشاطاً هاماً في الأوساط الرابّينيّة. «تقصّي وفحص الكتب» استُخدِمَ لإيجاد توجيهات عمليّة لتسيير أمور الحياة اليومية، وكانوا يذهبون إلى أبعد من ذلك، فيبحثون في الكتب عن مواعيد لحياة سعيدة، وحتى لحياة أبدية[١٣٥]. لم يكن من الواجب البحث والتفتيش عن الكلمة التي تخلِّص، خارجاً عن الكتب. إن هدف التفتيش اليهودي في الكتب كان لسبر غنى الوحي الإلهي وفهم وعود الله للشعب الذي عقد معه ميثاقاً. وبالنسبة ليسوع، البحث في الكتب يجب أن يؤدّي لمعرفة شخص يسوع بالذات.

---

[١٣٥] - هذا الموضوع يتكرر عدّة مرات في العهد القديم: تثنية ٣٠: ١٥-٣٠؛ ٣٢: ٤٥-٤٧: «لأنها ليست أمراً باطلاً عليكم، بل هي حياتكم، وبهذا الأمر تطيلون الأيام على الأرض...» وأيضاً، أمثال ٣: ٢؛ ٩: ١١...

وبالواقع، فإن الكتب تبشّر به وتشهد له، ليس في هذا المقطع المسيحاني أو ذاك، بل في الكتب المقدسة بجملها.

يظهر يسوع كاكتمال للكتب، كونها تعطي الحياة[١٣٦]. فهو الآن يستقطب الكتب التي تشهد له: وهو بذلك رجاء الزمن العتيد النهيويّ. كان الاعتقاد سائداً[١٣٧] ببلوغ الحياة الأبدية عن طريق اكتشاف ثروات التوراة (آ ٣٩)، ولكننا نعلم أن الكتب تتحدث عن المسيح، وتعدُّ لمجيئه.

إن الاستشهادات الموجودة في العهد الجديد، والمأخوذة من العهد القديم، هي مخصصة لتبيّن أن الكتب تشهد ليسوع. أما الحياة الأبدية فموجودة في مكان آخر: «ولكنّكم لا تريدون تجيئوا إليّ لتكون لكم الحياة» (آ ٤٠). تكون لنا الحياة عندما نأتي إلى يسوع[١٣٨]، كما كان يجب المجيء إلى الحكمة (حك ٢٤: ١٩). إن التنكّر لهذا الأمر، أو البحث في مكان آخر، يعني رفض عطية الحياة[١٣٩].

---

١٣٦ - بالنسبة للمفهوم اليهودي، التوراة توفر الحياة؛ توجد هذه الفكرة في نصوص التوراة ذاتها: مثلاً تثنية ٨: ٣؛ مز ١١٩؛ حك ١٧: ١١؛ ٤٥: ٥؛ با ٤: ١؛ راجع روم ٧: ١٠؛ غلا ٣: ٢١: «فلو أعطى الله شريعة قادرة أن تحيي، لكان التبرير حقّاً يتمّ بالشريعة».

١٣٧ - إن فعل «حسب أو ظن»، في الإنجيل الرابع، يدل دائماً على معتقد خاطئ (٥: ٤٥؛ ١١: ١٣، ٣١؛ ١٣: ٢٩؛ ١٦: ٢؛ ٢٠؛ ١٥).

١٣٨ - «المجيء إلى يسوع» يعني الإيمان به؛ إن الموازاة الموجودة في يو ٦: ٣٥ واضحة جداً: «من جاء إليّ لا يجوع، ومن آمن بي لا يعطش أبداً».

١٣٩ - لنلاحظ أن خطورة هذا الرفض تكبر بمقدار عمق معرفتنا بالكتب المقدسة.

من الطبيعي أن تكون هذه الشهادة مرتبطة بشهادة الآب. فالتوراة، وهي كلام الله المعطى للبشر؛ تشهد ليسوع، والآن تجد اكتمالها فيه. وعندما يستدعي يسوع الكتب، فهو بذلك يُظهر وحدة الوحي الإلهي، الذي بدأ بالعهد القديم وتمّ بشخصه هو. إن شهادة الكتب هي توقيع الآب في التاريخ معلناً مجيء المسيح.

من جهة أخرى، وكما هي الحال في شهادة الأعمال، يشهد يسوع هنا أيضاً أن الآب صادق في مواعيده؛ فالتوراة - كلمة الآب - بلغت كمالها بيسوع. فالآب جدَّد عهده مع شعبه، وهذه المرة بشكل نهائي وتام. فيسوع إذاً هو ال«نَعَم» التي قالها الله تصديقاً لوعوده.

ب٦- البحث عن مجد الناس أو عن مجد الله

لا يستمدّ يسوع الشهادة من إنسان (راجع آ ٣٤)، ولا يستمدّ مجداً من الناس (آ ٤١). ولأنه أتى باسم الآب (آ ٤٣)، فهو يتكلم باسمه، ويعمل أعماله (راجع ٥: ١٩-٣٠). وبذلك، يسعى يسوع إلى مجد الآب الذي أرسله[١٤٠] بعكس سامعيه الذين «يطلبون المجد بعضهم من بعض»، ولا يسْعَون إلى «المجد الذي هو من الله الواحد» (آ ٤٤؛ راجع ١٢: ٤٣). كان اليهود يسْعَون إلى ضمان وجودهم بالاستناد إلى دعم أرضي، وكانوا يحوّلون الكتب المقدسة إلى ملكية

---

[١٤٠] - راجع يو ٧: ١٨؛ ٨: ٥٠؛ وكذلك لا يبحث يسوع عن مشيئته هو، بل مشيئة الذي أرسله. راجع ٤: ٣٤؛ ٥: ٣٠؛ ٦: ٣٨.

خاصة بهم. وكانوا يزعمون أنهم يمتلكون التفسير النهائي لكلمة الله، ويرفضون النظرة الجديدة التي يحملها يسوع.

برفض يسوع، كان الخيار الذي اتخذه رافضوه خياراً مبنياً على معايير بشرية، وعلى رأي شعبي، وذلك على حساب الوحي الإلهي. حتى يتوصلوا إلى قبول نبي يأتي باسمه الشخصي، وبالتالي فإنه نبي كاذب[141]، بينما يرفضون يسوع، النبي الحقيقي الآتي باسم الآب (آ ٤٣)، والذي شهد له شهود كُثُر جديرون بالثقة.

إذا كان يسوع لا يستمدّ مجداً لنفسه فذلك شهادة له، لأن هذا الأمر معيار مهم للتمييز بين النبي الحقيقي والنبي الكاذب. ومن بين هذه المعايير نذكر تحقيق النبوءة، والسلوك الأخلاقي لناقل كلمة الله، وموقفه من التقليد، وتجرّده عن أية منفعة شخصية. ويسوع كان قد قال بهذا المعنى: «فالذي يتكلم من عنده يطلب المجد لنفسه؛ ولكن من يطلب المجد للذي أرسَلَهُ، فهو صادق لا غشّ فيه» (٧: ١٨).

---

[141] - يحاكم الله الأنبياء الذين يدَّعون التكلم باسمه (راجع تثنية ١٣: ٢-٦؛ ١٨-٢٠؛ إر ١٤: ١٤-١٥؛ ٢٣: ٢٥؛ ٢٩: ٩ و٣١. تعطي الميشنا بعض التعليمات التي تساعد على التمييز بين النبي الحقيقي والنبي الكاذب: (cf. Sanhédrin 89-91): «النبي الكاذب يقول ما لم يسمعه أبداً، أو ما لم يُقل له هو...، هو الذي يحتفظ لنفسه بالرسالة النبوية التي كُلِّف بها...، والذي لا يراعي أقوال الأنبياء الآخرين ويشير إليها، أو أي نبي يتصرف خلافاً لأقواله هو، فإنه يستحق الموت بيد السماء».

إنّ الشهادة، كونها مرتبطة بالوحي الإلهي المعطى للبشر، تشارك في التصميم الخلاصي. ولكن عندما نبقى منغلقين أمام بلاغة هذه الشهادات التي يؤيّدها الله بالذات، فهي تتحول إلى اتهام وحكم على غير المؤمنين، أمام الآب.

ب٧- شهادة موسى البشرية

ذلك الذي كان من المفترض أن يصبح الوسيط ومحامي اليهود أمام الله، صار متَّهِماً لهم. وهو يتّهمهم لأنهم رفضوا شهادته لصالح مرسَل الله، يسوع.

موسى، نبي اليهود العظيم، هو واحد من الشهود العديدين الذين شهدوا لأقوال يسوع ولرسالته: وقد أعطيت شهادة موسى من خلال هذا القول: «لأنه كتب فأخبر عني» (آ ٤٦). بعد أن دعا يسوع فيليبس ليتبعه، قال هذا الأخير لنتنائيل: «وجدنا الذي ذكره موسى في الشريعة، والأنبياء في الكتب» (يو ١: ٤٥). إن عبارة «ما ذكره (أي ما كتبه) موسى»، كانت تدل على التوراة؛ فالتوراة شهدت ليسوع من خلال شخصية موسى. ولكن يسوع لم يلقَ ردّاً إيجابياً من الذين كانوا يعتبرون أنفسهم تلاميذ النبي (راجع ٩: ٢٨)، الذي كان محطّ رجائهم (آ ٤٥). هذا الأمر صحيح، حتى بالنسبة للذين جعلوا من دراسة كتابات موسى نشاطهم الأساسي في الحياة (راجع آ ٣٩)، ومن المفترض أن يكونوا أول من يفهم أن يسوع هو المسيح الذي تحدّثت عنه الكتب. بالواقع، كان بين أيديهم، في التوراة، ما يكفيهم للتعرّف إلى المُرسَل من الله.

صارت شريعة موسى مساحة أمان يتمركز فيها سامعو يسوع من اليهود ويتحجّروا فيها، فيما توجِّه الكتب أنظارهم نحو ميثاق جديد، ونحو مجيء المسيح. يظهر الإنجيلي بطريقة تهكّمية أخصام يسوع، وهم يحاربونه ويرفضون كلمته،

مستندين إلى التوراة؛ وحول هذه النقطة الحساسة تركّز الهجوم المعاكس الذي قام به يسوع ضدّهم. لم يؤمن اليهود بموسى ولا بما كتب من كلمة اللّٰه؛ فلا يمكنهم إذاً أن يؤمنوا بيسوع، وأن يؤمنوا بكلامه (راجع آآ ٤٦-٤٧)[١٤٢]. لم يؤمن اليهود بيسوع، عطية حب اللّٰه الأسمى، «لأن محبة اللّٰه لا محلّ لها في قلوبهم» (آ ٤٢).

في المحاكمة الكبرى الواردة في الإنجيل الرابع، أثبت يسوع مسؤولية أخصامه في رفضهم الإيمان بمرسل اللّٰه. لا عذر لهم في عدم إيمانهم، واتهامهم يسوع بأنه يجدّف ليس مبنياً على أساس مقبول (راجع ٥: ١٨)، وبالتالي اتهامهم يرتدّ عليهم.

ج- ملخَّص

يدعو يسوع سامعيه إلى الاعتراف به كمُرسَل من الآب، في الفصل الخامس. ولإقناع محاوريه، قدَّم شهوداً يؤكّدون ما قال. سأل اليهود يوحنا فشهد للحق. ولكن يسوع لديه شهادة أعظم من شهادة يوحنا؛ فهو، في الواقع، محطُّ الوحي الذي أوحى به الآب: لا تنفك الكتب تتحدث عنه، والأنبياء أيضاً يبشّرون بمجيئه، وأعماله تؤكّد كلماته. والتوراة، إذا سُمعت وجرى العمل بما

---

١٤٢ - ليس المقصود إقامة موازاة بين موسى ويسوع، لأن يسوع، بمفهوم الإنجيلي، يتجاوز موسى (راجع ١: ١٧-١٨؛ ٣ : ١٣؛ ٤٦-٥١)، إن الصلة تأمنت بإدخال موضوع التوراة ومدى إيمان اليهود بها.

تقول، يجب أن تشهد ليسوع، وتفسح في المجال للإيمان به من خلال الآيات التي قام بها، والتي ساعدت على التمييز بين النبي الحقيقي والنبي الكاذب. وفي النهاية، لجأ يسوع إلى شهادة الله بالذات، وقدَّم مجيئه على أنه اكتمال لتاريخ الخلاص. إن مجيئه الذي أعلنته الكتب يعطي معنى لها ويؤكّد على صدق وعود الله لشعبه.

تُظهر هذه الشهادات هوية يسوع وغائية مجيئه إلى العالم، وتشكّل هكذا وحياً للناس المهيئين للإيمان بيسوع. ولكن هذه الشهادات اصطدمت برفض اليهود، الذين وجدوا أنفسهم متهمين أمام الله، من قِبل مَن اعتبروه وسيطهم ومحاميهم.

بشهادات كثيرة عرَّف الآب بالابن، والابن بدوره يدلّ الناس إلى الآب. فهو لا يستمدّ المجد إلاّ منه. وبهذه الطريقة يتبادل الآب والابن المجد والشهادة، ويسوع إذ يوحي بنفسه يوحي بالآب أيضاً.

٣- شهادة الأعمى منذ الولادة (يو ٩: ١-٤١)

أ- دراسة أدبية

أ١- الإطار

يتضمن الفصل ٩ وصفاً لشفاء أعمى، وحواراً في شكل محاكمة. وهذان القسمان مترابطان بشكل جيد، ويكوّنان معاً وحدة يوحنوية نموذجية مؤلفة من آية يتبعها نقاش.

ولكن هذا النص ليس معزولاً عن إطاره. إنه يتبع، بشكل طبيعي، ما سبقه، كما نستنتج من حرف العطف (و) الذي يبدأ به النص. وبالإضافة إلى ذلك، فهو يدعم قول يسوع في ٨: ١٢ «أنا نور العالم، من يتبعني لا يمشي في الظلام»، وهذا القول استعيد في رواية شفاء الأعمى في ٩: ٥: «أنا نور العالم، ما دمت في العالم». ونلاحظ أن القصة لا تتضمن إشارة إلى مكان أو زمان، ولكننا نستطيع أن نستقي هذه المعلومات من الفصل ٧، في آآ ٢ و١٤ و٣٧، ولا نجد أية معطيات أخرى بعد ذلك. نحن في الهيكل، أثناء عيد المظال. إن

رمزية النور والماء، الملحوظة بوضوح في هذا الفصل، تحتل مكانها بشكل طبيعي في إطار العيد المذكور.

من جهة أخرى، فالخطبة الواردة في يو ١٠: ١-١٨، والتي قدَّم يسوع نفسه فيها كونه الراعي الصالح، ليست منفصلة عن المقطوعة موضوع هذا الفصل؛ كما أننا لا نجد أي شكل من أشكال المقدَّمة في مطلع الفصل ١٠: ١. إن تكرار كلمة «الحقّ» في ١٠: ١، والتي بها تبدأ الخطبة، تؤكد استمرارية النص، وتساؤل اليهود، في ١٠: ٢١ يؤدي إلى حادثة الشفاء... ومن جهة أخرى، نتعرف، من بين الخراف التي تسمع صوت راعيها، إلى الأعمى الذي آمن بيسوع وشفي بأعجوبة. بينما نجد رؤساء المجمع الذين طردوا الأعمى السابق، يحتلون مكانهم بين السارقين المتطفلين في داخل الحظيرة.

وهكذا، فإن المقطوعة التي نحن بصددها، تشكل جزءاً من مقطوعة كبيرة تبدأ في ٧: ١ وتنتهي في ١٠: ٢١. ويشكل عيد المظال إطار هذا التحرك، وتؤمّن رمزية النور والماء الوحدة الموضوعية للنص.

أ٢- التأليف الأدبي

إن هذا الحدث هو تحفة فنية درامية بالإضافة إلى عمقه اللاهوتي. نجد فيه مشاهد وحوارات مليئة بالحياة. يشارك في الحركة أشخاص كثيرون: يسوع، الأعمى، الجموع، الجيران، الفريسيّون، اليهود وأقرباء الأعمى الذي شفي. هؤلاء يشكلون مواقف ووجوهاً نموذجية. نجد المسيح، والمؤمن، وبعض الفضوليين، والذين يعيشون إيمانهم بالخوف، والأخصام المتحجرين في عدم إيمانهم. إن

ردّات فعل هذه الشخصيات وتدخلاتهم تعطي لهذا النص حيوية خاصة، وتبرز غناه اللاهوتي.

اللافت أنّنا لا نجد يسوع في الواجهة بين المتناظرين، مع أن المناظرات تتمحور حول شخصه وعمله.

من خلال سير الأحداث، نشاهد تبديلاً في المتحاورين: في آآ ١٣-١٧ نجد «الفريسيّين» يناقشون الأعمى الذي شفي؛ أما في الآيات ١٨-٢٣ فالفرّيسيّون تركوا مكانهم «لليهود». ويدخل الفريسيّون مجدداً إلى مسرح الأحداث في ٩: ٤٠. يفسر بعض الشارحين هذا التبديل على أنه نتيجة اختلاط عدة تقاليد في التدوين، ويرى آخرون فيه إشارة إلى الطابع الرسمي للاستجواب، ولكننا نعتقد أنه يجب بالأحرى، تفسير التبديل بين يهود وفرّيسيّين، على أن كلاً منهم ينتمي إلى مستوى تاريخي مختلف عن الآخر: مستوى المسيح التاريخي ومستوى الجماعة المؤمنة. ففي زمن يسوع، كان رؤساء اليهود هم الذين تعرّضوا له... وفي زمن الجماعة اليوحنّويّة بدأ الانفصال بين اليهود والمسيحيين يتقلّص، وصار الفريسيّون الذين طردوا المسيحيين من المجمع في مدينة حِفنه (Yavneh) أعداء الجماعة الرئيسيين. هذان المستويان موجودان كلاهما في هذا النص ويظهران في هذا التبديل.

كما كان الحال في ٥: ٩. لم يشر الإنجيلي إلى السبت في بداية القصة، كما كان من الممكن أن ننتظر[١٤٣]، بل وردت الإشارة في الآيتين ١٤ و١٦ فقط، بعد وصف الآية التي أنجزها يسوع[١٤٤]. إن إدخال موضوع السبت يحضّر النقاش مع الفريسيّين الوارد في آية ١٦، ويجعل المناظرة أكثر حيوية. وبما أن يسوع لا يراعي حرمة السبت فهو خاطئ، بالنسبة للفرّيسيّين (آآ ١٦، ٢٤ و٢٥ و٣١). ستسمح المناظرة للأعمى الذي شفي بأن يعلن إيمانه بمن قام بآية شفائه.

في آ ٣٥، نجد عبارة «ابن الإنسان» التي استبدلت في بعض المخطوطات بـ«ابن الله». هذا التعبير ليس بالتأكيد أوّلياً، لأنه يشرح التعبير الأول ويجعله أكثر وضوحاً، وأكثر موافقة للإيمان، وبالتالي يصعب أن يكون أصيلاً ويجب استبعاده.

لا نصادف في هذا النص كلمات شاهد وشهد التي تستعمل عادة للتعبير عن فكرة الشهادة. ولكنه من الواضح أننا أمام محاكمة قضية واستجوابات. في هذا الجو، تكون فكرة الشهادة حاضرة حتماً: الجيران والأقرباء والأعمى الذي شفي، جميعهم استدعوا للشهادة بخصوص الآية وصانعها. الأعمى السابق، تصادم مع اليهود المتحجرين في قناعاتهم المُعادية ليسوع، وصار ملزماً أن يتخذ موقفاً

---

[١٤٣] - ولكن يوجد بعض التشابه بين الشفائين في الفصلين ٥ و٩.

[١٤٤] - إن تعبير «جَبَل طيناً» يكتسب أهمية خاصة في هذا الإطار، لأن هذا العمل كان من النشاطات الـ٣٩ التي يُمنع القيام بها يوم السبت.

من الذي شفاه. لقد شهد بما اختبر، وتوصّل في النهاية إلى الإعلان عن إيمانه بيسوع ابن الإنسان.

أ-٣- التقسيم والبنية

إن وحدة الفصل ٩ مؤمنة من خلال موضوعَي الخطيئة والعمى، وهذان الموضوعان يشكّلان إطار الفصل بكامله (ما يسمّى تضمين inclusion): في الآية الأولى، جرى الربط بين إعاقة هذا الأعمى، منذ ولادته، وبين الخطيئة (آآ ١-٥)؛ وفي نهاية المقطوعة تحدث يسوع عن العمى الروحي عند الفريسيّين، وهو ثمرة إصرارهم على عدم الإيمان؛ ولهذا السبب فخطيئتهم باقية (آآ ٣٩-٤١).

يمكن أن نلاحظ موازيات أخرى في المقطوعة. في آآ ٦-٧ يسوع يعطي البصر للأعمى؛ وبموازاة ذلك، نعود ونجد يسوع، في آآ ٣٥-٣٨، وهو هذه المرّة، يفتح عيني الأعمى الذي شفي، على الإيمان.

أما القسم الكبير من النص (آآ ٨-٣٤) فينقل النقاش والأسئلة حول الأعمى الذي شفي، وحول حقيقة الأعجوبة، وخاصة حول هوية يسوع وسلطته. وإذا أخذنا شخصيات هذه القصة يمكننا أن نجد بنية محورية في داخل هذا القسم المركزي. نجد في البداية الأشخاص المحيطين بالأعمى يتساءلون حول هويته، ويسألونه تفسيرات لشفائه (آآ ٨-١٢). ثم أخذوه إلى الفريسيّين حيث جرى الاستجواب الأول الرسمي (١٣-١٧). وللتأكد من هوية الأعمى استدعى الفريسيّون أقاربه وسألوهم. فكانت أجوبتهم مبهمة بقصد التملّص من الإجابة الواضحة (١٨-٢٣). وعاد الفريسيّون فاستجوبوا الرجل الذي كان أعمى من جديد، وانتهوا إلى طرده من المجمع (٢٤-٣٤).

انطلاقاً من هذه الملاحظات نقترح تصميماً للمقطوعة هو التالي:

أ - يسوع والتلاميذ: الصلة بين: خطيئة-عمى (٩: ١-٥).

ب - شفاء الأعمى: انفتاح عينيه على النور المادي (٩: ٦-٧).

ج - المقطع المركزي: المحاكمة (٩: ٨-٣٤).

a - الأعمى ومحيطه (٩ : ٨-١٢).

b - أول استجواب من قبل الفريسيّين (٩: ١٣-١٧).

a [1] - أهل الأعمى في مواجهة الفريسيّين (٩ : ١٨-٢٣).

b - الاستجواب الثاني وطرد الأعمى من المجمع (٢٤-٣٤).

ب* - إيمان الأعمى الذي شفي: انفتاح عينيه على نور الإيمان (٩: ٣٥-٣٨).

أ* - يسوع والفريسيّون: العمى الروحي والخطيئة التي تبقى (٩: ٣٩-٤١).

يبدو النص، انطلاقاً من التقسيم المقترح، كما يلي:

الفصل ٩

أ - ١ وبينما هو في الطريق، رأى أعمى مُنذُ مولِدِهِ. ٢ فسأله تلاميذه: «يا معلّمُ، من أخطأَ؟ أهذا الرجل أم والداهُ، حتى وُلِدَ أعمى؟» ٣ فأجاب يَسوعُ: «لا الرجل أخطأ ولا والداهُ. ولكنهُ ولدَ أعمى حتى تظهرَ قُدرةُ اللهِ وهي تَعمل فيه. ٤ علينا، ما دامَ النهارُ، أن نعمل أعمال الذي أرسلني. فمتى جاء الليل لا يقدِرُ أحدٌ أن يعملَ. ٥ أنا نورُ العالِمِ، ما دُمتُ في العالَمِ»؟

ب - ٦ قال هذا وبصق في الترابِ، وجبل من ريقهِ طيناً ووضعهُ على عيني الأعمى ٧ وقال له: «إذهب واغتسل في بِركةِ سلوام» (أي الرسول). فذهب واغتسل، فأبصرَ.

ج - <u>المقطع المركزي: المحاكمة.</u>

٨ - a' فتساءلَ الجيران والذي عرفوه شحاذاً من قبلُ: «أما هو الذي كان يقعد ليستعطي؟» ٩ وقال غيرُهم: «هذا هو». وقال آخرون: «لا، بل يُشبهُه». وكان الرَّجُل نفسَهُ يَقولُ: «أنا هوَ!» ١٠ فقالوا له: «وكيف انفتحت عيناكَ؟» ١١ فأجابَ: «هذا الذي اسمُهُ يسوعُ جبل طيناً ووضعهُ على عينيَّ وقال لي: إذهب واغتسل في بركة سلوام. فذهبت واغتسلتُ، فأبصرتُ». ١٢ فقالوا له: «أين هوَ؟» قالَ: «لا أعرِفُ».

١٣ - b فأخذوا الرجُلَ الذي كان أعمى إلى الفرّيسيين. ١٤ وكان اليوم الذي جبلَ فيهِ يسوعُ الطين وفتحَ عيني الأعمى يوم سبت. ١٥ فسألَ الفريسيون الرجُلَ كيفَ أبصرَ، فأجابَهُم: «وضع ذاك الرجُلُ طيناً على عينَيَّ، فلمَّا غَسَلتُهُما أبصرتُ». ١٦ فقال بعض الفرّيسيّين: «ما هذا الرَّجُلُ مِن اللهِ، لأنه لا يُراعي السبتَ». وقالَ آخرون: «كيف يقدِرُ رَجُلٌ خاطِئٌ أن يعمل مِثل هذِهِ الآياتِ؟» فوقعَ الخِلاف بينهم. ١٧ وقالوا أيضاً للأعمى: «أنت تقولُ إنه فتَح عينيك، فما رأيكَ فيهِ؟» فأجابَ: «إنَّهُ نبيٌّ!».

د - ١٨ فما صدَّقَ اليَهودُ أن الرَّجُلَ كان أعمى فأبصرَ، فاستدعوا والديه ١٩ وسألوهما: «أهذا هو ابنكما الذي وُلِدَ أعمى كما تقولانِ؟ فكيف يبصِرُ الآنَ؟» فأجاب والداهُ: «نحن نعرِفُ أنَّ هذا ابننا، وأنه وُلِدَ أعمى. ٢١ أمَّا كيف يُبصر الآنَ، فلا نعلَمُ، ولا نعرفُ من فتح عينيهِ. اسألوه وهو يجيبُكم عن نفسِهِ، لأنَّهُ بلَغَ سِنَّ الرُشدِ». ٢٢ قال والداهُ هذا لخوفهما من اليهودِ، لأنَّ هؤلاءِ اتفقوا على ان يطردوا من المجمع كُلَ مَن يعترف بأنَّ يسوع هو المسيح. ٢٣ فلذلِكَ قالَ والداهُ: «اسألوه لأنَّهُ بَلَغَ سِنّ الرُّشدِ».

٢٤ - b' وعادَ الفريسيُّون فدَعوا الرجُلَ الذي كان أعمى وقالوا له: «مَجِّدِ اللهَ! نحنُ نَعرِفُ أنَّ هذا الرَّجُلَ خاطِئاً، ٢٥ وعادَ الفريسيُّون فدَعوا الرجُلَ الذي كان أعمى وقالوا له: «مَجِّدِ اللهَ! نحنُ نَعرِفُ أنَّ هذا الرَّجُلَ خاطِئاً، ٢٦ فقالوا له: «ماذا عَمِلَ لَكَ؟ وكيف فتحَ عَينيكَ؟» ٢٧ أجابَهُم: «قُلتُ لكم وما سَمِعتم لي، فلماذا تريدون أن تسمعوا مرَّةً ثانيةً؟ أتريدون أنتم أيضاً ان تصيروا من تلاميذِهِ؟» ٢٨ فشتمُوهُ وقالوا له: «أنتَ تِلميذُهُ، أمَّا نَحنُ فتلاميذُ موسى. ٢٩ نحنُ نَعرِفُ أن كلَّمَ موسى، أمَّا هذا فلا نعرِفُ مِن أين هو». ٣٠ فأجابَهُم

الرَّجُلُ: «عجباً كيف يفتَحُ عَينَيَّ ولا تعرفون مِن أينَ هو! ٣١ نحن نعلمُ أنَّ اللهَ لا يستجيب للخاطِئين، بل لمن يخافُهُ ويعمَلُ بمشيئَتِهِ. ٣٢ وما سَمِعَ أحدٌ يوماً أنَّ إنساناً فتح عيني مولودٍ أعمى. ٣٣ ولولا أنَّ هذا الرجُلَ مِنَ اللهِ، لما قدرَ أن يعملَ شيئاً». ٣٤ فقالوا له: «أتعلّمُنا وأنت كُلُّكَ مولودٌ في الخطيئةِ؟» وطردوهُ من المجمع.

ب * - ٣٥ فسمِعَ يسوع أنَّهم طَرَدوهُ، فقال له عندما لقيَهُ: «أتؤمنُ أنت بابنِ الإنسانِ؟» ٣٦ أجاب: «ومن هو، يا سيدي، فأومِنَ بِهِ!» ٣٧ فقال له يسوعُ: «أنتَ رأيتهُ، وهو الذي يكلِّمُكَ!» ٣٨ قالَ: «آمنتُ، يا سيِّد!» وسجَدَ لهُ.

أ * - ٣٩ فقال يسوعُ: «جئتُ إلى هذا العالم للدَّينونَةِ، حتى يُبصِرَ الذينَ لا يُبصِرونَ، ويعمى الذين يُبصرون». ٤٠ فسَمِعَهُ بعضُ الحاضرين من الفرّيسيين، فقالوا لَه: «أعُميانٌ نحنُ أيضاً؟» ٤١ أجابهم يسوعُ: «لو كنتم عُمياناً، لما كان عليكُمْ خطيئةٌ. ولكِن ما دُمتُم تقولون إنَّنا نُبصِرُ، فخطيئتُكم باقية».

ب- قراءة لاهوتية

افتتح الإنجيلي هذه القصة بعبارة فريدة في إنجيل يوحنا: «وبينما هو في الطريق...» (آ ١). هذه العبارة الوصفية استعملت هنا فقط في الإنجيل الرابع، ولكنها ليست غير معتادة لدى الإزائيين[١٤٥]. وهي تؤمِّن الاتصال مع القصة السابقة. ومن جهة أخرى، حتى وإن كان الإزائيّون قد نقلوا عدة شفاءات

---

١٤٥ -راجع متى ٩: ٩ (دعوة لاوي)؛ ٩: ٢٧ (شفاء أعميين)؛ ٢٠: ٣٠ (أعميا أريحا)؛ مر ١: ١٦ (دعوة التلاميذ الأولين)؛ ٢: ١٤ (دعوة لاوي)؛ ١٥: ٢١.

لعميان[146]، فإن يوحنا وحده أضاف تفصيلاً لم يرد سابقاً، إذ تحدّث عن إنسان أعمى «منذ مولده»[147]، وهذا ما يُغني الرمزية في القصة.

ب١- يسوع والتلاميذ

إن الحوار بين يسوع وتلاميذه، يسمح له بتوضيح سبب تدخله ومعنى ما يقوم به. والتلاميذ، بسؤالهم، يردّدون صدى رأي متداول في اليهودية، يعتبر أن هنالك صلة بين الخطيئة والعاهة الجسدية في الإنسان[148]. لذلك أشار مستجوبو الأعمى الذي شفي إلى هذه الفكرة (آ ٣٤).

لا يدخل جواب يسوع في هذا الجدال، إذ أبعد إمكانية حصول العمى عند هذا الرجل بسبب خطيئته الشخصية أو خطيئة أحد سواه، بل وضع هذا الحدث ضمن المخطط الخلاصي: «حتى تظهرَ قدرة الله (أعمال الله) وهي تعمل فيه» (آ ٣). إنه يستند هنا إلى وضع الأعمى الذي سيعيد له البصر، مظهراً بذلك الله وهو يعمل في العالم. إن الآية التي أنجزها يسوع تتضمن وحياً عنه، وتشكّل شهادة على العمل الخلاصي لله في العالم.

---

[146] -راجع متى ٩: ٢٧-٣١؛ ١٢: ٢٢: ٢٠: ٢٩-٣٤؛ مر ٨: ٢٢-٢٦؛ ١٠: ٤٦-٥٢؛ لو ١٨: ٣٥-٤٣.

[147] - إنه تعبير يوناني؛ التعبير السامي هو: «من بطن أمه» راجع متى ١٩: ١٢ وأع ٣: ٢.

[148] - المصيبة الفردية أو الجماعية كانت تفسَّر بالنسبة للخطايا السابقة (راجع حز ٢٠: ٥: عدد ١٤: ١٨؛ تثنية ٥: ٩؛ طوبيا ٣: ٣-٤. برغم الأفكار الواردة في كتاب أيوب، فهذه الفكرة كانت منتشرة أيضاً في زمن يسوع؛ راجع لو ٢:١٣؛ نشيد الأناشيد ١: ٤١؛ تك ٦٣: ٦.

الله يعمل في العالم، ويسوع أيضاً. تذكّر آ ٤ بتأكيد ليسوع في ٥: ١٧: «أبي يعمل في كلّ حين، وأنا أعمل مثله». هو يشمل التلاميذ أيضاً مستعملاً صيغة الجمع «علينا أن نعمل»[١٤٩]. فعلى التلاميذ أيضاً أن يعملوا «أعمال الذي أرسلني» وهذه الأعمال بدورها تشهد لرسالة يسوع في العالم ولصدق كلمته، كما أكّد يسوع ذاته في ٥: ٣٦.

إن زمن إظهار أعمال الله سُمي «نهار»، وهو نقيض «الليل»، أي الوقت الذي «لا يقدر أحد أن يُعمل» فيه (آ ٤). إن معنى هذه التعابير تذهب إلى أبعد من المعنى الحرفي. يؤكد تصريح يسوع العلني الذي سبق هذا القول، القيمة الرمزية لهذه التعابير: «أنا نور العالم، ما دمت في العالم» (آ ٥). إنه يستعيد التأكيد الوارد في ٨: ١٢، والآية التي يقوم بها يسوع، تدعم هذا القول، وتشير إلى رسالة يسوع الذي هو النور.

ب٢- شفاء الأعمى

إن سرد قصة الأعجوبة يلي منطقياً، كلام يسوع، إذ انه بعد أن قال هذا الكلام، «بصق في التراب...» واجترح الأعجوبة. إن تصرّف يسوع لم يسبقه طلب واضح من قِبل الأعمى. لقد أُدخل هذا الأخير كموضوع «لمناظرة لاهوتية»

---

[١٤٩] - بعض المخطوطات أوردت تعبير «عليّ» بدل «علينا»، وهذا التعبير الأخير هو المفضَّل. أن مهمة التلاميذ التي يلمّح إليها يسوع بهذا التأكيد، ستتوضح في مكان آخر: راجع ١٤: ١٣؛ ١٥: ١٧ و٢٠ و٢٧.

ولكنه صار الآن المستفيد من النعمة الإلهية، وهو بالأكثر، يمثل فرصة للوحي. لن يسترد الأعمى ما كان يمتلكه وأضاعه، وحسب، بل سيولد لحياة جديدة.

القصة، بحد ذاتها، بسيطة وموجزة. تَفَلَ يسوع، وصنع طيناً، وطلى عينيّ الأعمى (آ ٦). وسيذكِر الإنجيلي بهذا التصرف، لثلاث مرات خلال سرد القصة (آآ ١١ و١٤ و١٥). إن استعمال الطين يشكّل انتهاكاً لشريعة السبت، ولكنه يشير أيضاً إلى العمل الذي خلق الله به الإنسان، بحسب سفر التكوين[١٥٠]: وهكذا يدشّن يسوع خلق الإنسان الجديد.

يجب استبعاد كل تفسير سحري لآيات يسوع، إذ ليس الطين واللعاب هو الذي يصنع الشفاء، بل يتمّ الشفاء فقط بعد الاغتسال «في بركة «سلوام» أي «المرسل» (آ ٧). ويسوع هو «المُرسل»، وهو نفسه من يصنع الأعجوبة. والمعلوم أنه في أثناء عيد المظال الذي يرتدي معنى مسيحانياً، وخلال تطواف احتفالي، كان الشعب يستقي الماء من بركة سلوام. وهذه إشارة إلى أنّ التقليد اليهودي يجد اكتماله بيسوع، مرسل الله.

---

١٥٠ - هذه القراءة الرمزية متأتية من تفسير الآباء، راجع القديس ايريناوس ضد الهرطقات ٥، ١٥: ٢-٣.

أعطى آباء الكنيسة لهذه الآية بعداً عمادياً[151]، وكما يعتبر مؤلفون حديثون أن الإنجيلي يقصد المعمودية بالضبط. إن أسباب مثل هذا التفسير موجودة في النص ذاته: شُفي الأعمى بعد أن اغتسل في بركة سلوام، بناء على أمر يسوع له؛ والأفعال: مسح (راجع ٢قور ١: ٢١)، واغتسل، تلمّح إلى ممارسة عمادية؛ إن وضع الأعمى منذ الولادة يعكس وضع كل إنسان محتجز منذ ولادته في الظلمات، ويشعّ عليه النور عند معموديته... هذه القراءة تصبح ممكنة إذا وضعنا النص ضمن اختبار الجماعة المسيحية الأولى.

«فذهب (الأعمى) واغتسل، فأبصر» (آ ٧). انفتحت عينا الأعمى على النور وصار بصيراً إذ أطاع أمر يسوع. تمَّ الشفاء من العمى المادي، ولكن الإنجيلي لم يبلغ هدفه بعد.

ب٣- المحاكمة

بعد الشفاء يتعرّض الأعمى لسلسلة من الاستجوابات، والمحاكمة لقضية حوّلته إلى شاهد ليسوع أمام اليهود. لم يتدخل يسوع ليبرر ما قام به؛ لقد ترك شاهده يخبر عن اختباره؛ ولكنه عاد فتدخل في نهاية «المحاكمة» لينطق بالحكم.

---

[151] - راجع القديس اوغسطينوس تفسير يوحنا ٤٤: ٢: «... اغتسل الأعمى عينيه في هذه البركة، التي تعني «المرسل»، وتعمَّد بالمسيح. المسيح عمَّده بنفسه...». أنظر أيضاً القديس ايريناوس: ضد الهرطقات V 15, 3.

١)- الرجل الذي كان أعمى ومحيطه

«الجيران، والذين عرفوه شحّاذاً من قبل» (آ ٨) هم أوّل من لاحظوا الحدث. كانت ردة فعلهم سطحية تقريباً، ولكننا نشاهد مع ذلك تطوراً تصاعدياً في اهتمامهم بالموضوع.

في البداية، وعندما صادفوا الأعمى، لاحظوا وأكدوا صحّة حصول الشفاء، ولكنهم أدلوا بآراء متناقضة حول هوية الأعمى الذي شفي، ولكن هذا الأخير فَصَلَ الجدال بدون تردد، وأكّد هويته بقوله: «أنا هو»؛ وهذا تعبير خاص بيسوع، في الإنجيل الرابع، وفي مواقف مشهورة[١٥٢].

ثم طُرح السؤال حول «كيفية» حصول المعجزة. هذا السؤال يتكرر عدة مرات في القصة ببعض الإلحاح[١٥٣]. وروى الأعمى الذي شفي، كيف فتح له ذلك «هذا (الإنسان) الذي اسمه يسوع» (آ ١١) عينيه. هذه العبارة هي الوحيدة، في إنجيل يوحنّا، التي تصف يسوع بتعابير بشرية صرف، وهي تدلّ

---

[١٥٢] - نصادف هذا التعبير في إنجيل يوحنا ٢٣ مرة على لسان يسوع، ومرة واحدة على لسان الأعمى منذ الولادة.

[١٥٣] - راجع آ آ ١٠-١١ و١٥-١٦ و١٩ و٢١ و٢٦.

على المسافة التي تفصل الأعمى الذي شفي، عن معرفة يسوع معرفة حقيقية، والتي سيكتسبها لاحقاً[١٥٤]

وفي النهاية، أرادت الجموع أن تعرف أين يوجد ذلك «الإنسان» القادر أن يعطي البصر للعميان. يبدو أن هذا الاهتمام برؤية يسوع نابع من الفضولية وحسب[١٥٥]. إن الأعمى الذي شُفي ما زال يجهل أين يوجد يسوع. وبعد أن طوّر اختباره وعمّقه بمعرفة من جعله يبصر النور، وذلك أثناء «المحاكمة»، جاءه يسوع بالذات ليوصل اختباره إلى هدفه، فيسمح له بذلك، أن يعلن إيمانه التام (آآ ٣٥-٣٨).

٢)- الاستجواب الأول للأعمى

لاحظ الناس البسطاء المعجزة، ولكنهم لا يعرفون أن يفسروها. إن مهمة التفسير موكولة إلى سلطة ذات أهلية، مثل الفريسيّين. لذلك أخذوا الأعمى الذي شفي إلى الفريسيين، وعند ذلك فقط كُشِف عن حصول الشفاء في يوم السبت (آ ١٤). ومرّة جديدة، انتهك يسوع شريعة استراحة السبت، وهذا

---

[١٥٤] - X. Léon-Dufour, Jean II p. 340 يدعنا نفهم أنه يمكن القول، انطلاقاً من التعبير المستعمل، أن الأعمى، شعر بأن من شفاه هو «المخلّص» وهذا معنى كلمة «يسوع».

[١٥٥] - هذا الموقف يذكِّر بموقف الجموع الموصوف في ٦: ٢٦: «الحق الحق أقول لكم: أنتم تطلبوني، لا لأنكم رأيتم الآيات، بل لأنكم أكلتم الخبز وشبعتم».

الأمر جعله منبوذاً في نظر ضامني التوراة، وسبَّب ارتفاع التوتر بينه وبين الفريسيّين.

بعد سماع شرح الأعمى الذي شفي، أصدر بعض الفريسيّين أوّل حكم: «ما هذا الرجل من الله، لأنه لا يراعي السبت» (آ ١٦)؛ والبعض الآخر لم يكونوا متسرِّعين وتساءلوا: «كيف يقدر رجل خاطئ أن يعمل مثل هذه الآيات؟» (آ ١٦)[١٥٦]. نلاحظ أن التفسيرين تجاوزا البعد المادي للأعجوبة. إن هذه الأعجوبة تشكّل «آية» تدفع على التساؤل بخصوص يسوع، ومصدره وهويته. بعكس المحيط الذي لم يُشر إلى ما هو أبعد من المعجزة، لاحظ الفريسيّون شيئاً ما، ولكنهم كانوا منقسمين ومرتبكين ولم يتمكنوا من الانفتاح على شهادة الآية وغايتها.

وبالمقابل، فإن الأعمى أعلن رأيه بجرأة، في مَن شفاه جواباً على أسئلة من يحقّق معه: «إنه نبيّ!»، أي أنه يعمل باسم الله. إن كلمة نبي هنا تدلّ على رجل الله المؤمن برسالته[١٥٧]. هذا الاعتراف مع كونه غير الكامل، هو خطوة أخرى في التعرُّف التدريجي إلى يسوع، وهي تسير بموازاة تصلّب الفريسيّين التصاعدي.

---

[١٥٦] - إن كلمة الجمع «آيات» يمكن أن تشير إلى أن الفريسيين هم على علم بآيات أخرى قام بها يسوع، ويمكن أن تكون من باب الشمول.

[١٥٧] - إن إعادة القراءة على مستوى الجماعة المسيحية تعطي لهذا اللقب معنى مسيحانياً ليس واضحاً للوهلة الأولى.

٣)- الفريسيّون وأهل الأعمى الذي شُفي

أمام ثبوت الآية، قام الفريسيّون، (الذين يدعون الآن يهوداً)، بردَّة فعل واضعين هوية الأعمى موضع شك، فأرادوا التحقّق منها لدى أهله. فاستُدعي هؤلاء ليشهدوا. فردّوا على استجواب السائلين لهم مؤكدين أن الأعمى الذي شفي هو ولدهم، وقد وُلد أعمى (آ ٢٠). ولكنهم لم يضيفوا أي شيء عن كيفية حصول الأعجوبة وعن فاعلها؛ وامتنعوا عن إعطاء رأيهم الشخصي حول تفسير الآية أو حول يسوع نفسه، خوفاً من أن يُطرَدوا من المجمع.

إن الطرد من المجمع كان يحصل في زمن كاتب الإنجيل، خاصة وأن سبب هذا التدبير هو «الاعتراف بأن يسوع هو المسيح»، الأمر الذي يذكّر بإيمان الكنيسة الأولى[١٥٨]. يستخدم الإنجيليّ هذه المفارقة، مقدِماً الأعمى كشاهد ليسوع، وبذلك جعل منه مثالاً للمؤمنين في جماعته، الملزمين أن يختاروا بين تعليم المجمع والإيمان بالمسيح.

للتخلص من هذا المأزق، حوّل الأهل السؤال إلى ولدهم الذي صار قادراً أن يجيب شخصياً عن ذاته، لأنه صار في سن تخوّله من الإدلاء بشهادة مقبولة[١٥٩].

---

١٥٨ -راجع روم ١٠: ٩ «فإذا شهدت بلسانك أن يسوع ربّ... نلت الخلاص».

١٥٩ - كان الولد يبلغ السن القانونية في عمر ١٣ سنة ويوم Cf. SB II, 534.

٤)- استجواب الأعمى للمرة الثانية

زال الآن أي شك في هوية الأعمى الذي شفي وفي واقع الأعجوبة. استعمل اليهود سلطتهم[١٦٠] ليقنعوا الجميع برأيهم، ويلزموا ذلك الذي كان أعمى أن يغيّر رأيه بخصوص يسوع. استخدموا تعبيراً بيبلياً مشهوراً هو: «مجّدِ الله!»[١٦١] ليلزموا ذلك الأعمى أن يقول الحقيقة، أي الالتزام بقرارهم هم: «نحن نعرف أن هذا الرجل خاطئ» (آ ٢٤).

إن مخالفة الشريعة، بالنسبة إليهم، لا يمكن إلاّ أن تؤدي إلى هذه النتيجة: من يخالف شريعة السبت، هو بالتأكيد خاطئ!

إن الثقة العمياء لدى أولئك المحقّقين الذين نصّبوا أنفسهم قضاة، تصطدم بالاختبار الشخصي الذي مرَّ به الأعمى؛ فهذا الأخير لم يتعب من تكرار القول إنه كان أعمى، وإنه صار بصيراً (آ ٢٥). وأمام إصرار اليهود على أنهم يمتلكون المعرفة، قال الأعمى إنه يعرف «شيئاً واحداً»، وهو ما اختبره بنفسه. فعاد اليهود إلى السؤال عن «كيفية» حصول الأعجوبة (آ ٢٦)، والمرجّح أنهم كانوا يحاولون إيقاع الأعمى في تناقض كلامي. فكان الجواب مليئاً بالفكاهة والسخرية: (آ ٢٧): «قُلتُ لكم وما سمِعتم لي، فلماذا تريدون أن تسمعوا مرَّةً

---

١٦٠ - إن السلطة التي يتمسك بها ممثلو اليهود تظهر بوضوح من خلال تكرار العبارة: «نحن نعرف» (آآ ٢٤ و٢٩)، وخاصة بإعادة ذكر موسى (آ ٢٨).

١٦١ -راجع أيوب ٧: ١٩؛ ١صمو ٦: ٥؛ ٢أخ ٣٠: ٨؛ إر ١٣: ١٦.

ثانيةً؟ أتريدون أنتم أيضاً أن تصيروا من تلاميذِهِ؟». اتهم الأعمى اليهود بأنهم لا يريدون أن يسمعوا. إنهم لا يقبلون شهادة الله المعطاة عبر آية الشفاء، وقد رفضوا أن يسمعوا شهادة المستفيد من الأعجوبة.

غضب حرّاس الشريعة لدى سماعهم هذه العبارة التي نزلت عليهم كإهانة وتحدٍّ. إنهم فخورون كونهم تلاميذ موسى، ويجدون الأمان في الشريعة التي أعطيت لهم لدى سماع اليهود يقولون: «إن الله كلّم موسى» (آ ٢٩)، يتذكّر القراء خطبة يسوع التي ذكر فيها موسى من بين الذين يشهدون له (٥: ٤٦). بالنسبة لليهود، أن يكون أحدهم تلميذاً ليسوع، فذلك أمر «مخجل»[١٦٢]، لأن ذلك يساوي السير وراء خاطئ على حساب شريعة الآباء. نشاهد، هنا أيضاً، صورة من عصر جماعة الإنجيليّ، تُبرز عداء المسؤولين اليهود لتلاميذ يسوع، المسيحيين. بقي اليهود منغلقين على ما يعتقدونه «الحقيقة»، بينما بدأ الأعمى يتطور في اتجاه معاكس، انطلاقاً من ملاحظة حدث الشفاء، بكل بساطة، إلى الدفاع عن صانع الشفاء. ونلاحظ كيف أن اتهام اليهود للأعمى الذي شفي بكونه «تلميذ (يسوع)» صار ينطبق عليه منذ الآن[١٦٣].

---

[١٦٢] -راجع ١٩: ٣٨.

[١٦٣] - هذه الجدلية توصلنا إلى خطبة يسوع في الفصل ٨ حول التلميذ الحقيقي: «إذا ثبتّم في كلامي، صرتم في الحقيقة تلاميذي» (٨: ٣١).

إن مسألة أصل يسوع، طرحت مجدداً في آ ٢٩. يزعم اليهود أنهم يعرفون التوراة، لكنهم يجهلون أصل وهوية «الذي ذكره موسى في الشريعة، والأنبياء في الكتب...» (١: ٤٥). يتهكّم، يُظهر الأعمى نفسه عالماً بالشريعة ويلوم سائليه لأنهم لم يعرفوا تفسير التوراة. إنه يسرد مبدأً كتابياً[١٦٤]، مستعملاً لغة اليهود عينها: «نحن نعلم أن الله لا يستجيب للخاطئين...» (آ ٣١). استعمل الأعمى الذي شفي، صيغة الجمع: «نحن نعلم»، وكأنه يتحدث أيضاً باسم المسيحيين الذين كانوا يستعملون الحجة ذاتها لمواجهة هجمات اليهود.

إن الله يسمع يسوع، كما تأكد الأعمى السابق، لأن يسوع يعمل مشيئة الله، وهذا ما يعيدنا إلى كلمته في بداية المقطوعة: «علينا أن نعمل أعمال الذي أرسلني» (آ ٤). في نهاية «الدرس اللاهوتي» الذي أعطاه الأعمى لليهود والذي دلَّ على معرفة بالشريعة، شهد التلميذ الجديد لمصدر يسوع الإلهي: «ولولا أنَّ هذا الرجُلَ مِنَ اللهِ، لما قدرَ أن يعملَ شيئاً» (آ ٣٣)، وهذا ما يشكّل كذلك ردّاً على اليهود الذين كانوا يجهلونه ولا يعرفون من أين هو: «... أما هذا فلا نعرف من أين هو» (آ ٢٩).

---

[١٦٤] - راجع أم ١٥: ٢٩؛ ٢٨: ٩؛ أش ١: ١٥؛ ملا ٣: ٤؛ أنظر أيضاً ملاحظة نيقوديموس في يو ٣: ٢: «نحن نعرف أن الله أرسلك معلّماً، فلا أحد يقدر أن يصنع ما تصنعه من الآيات إلا إذا كان الله معه».

إن اليهود، وقد أربكتهم هذه الحجة، لم يبقَ أمامهم سوى استخدام القوّة ليُسكتوا هذه الشهادة العلنية الجريئة التي أدلى بها الأعمى. في البداية، أهانوه وعادوا إلى موضوع الجدال في بداية النصّ: هذا الإنسان تجرأ أن يلقي عليهم درساً، مع أنه «مولود بالخطيئة» (آ ٣٤). لقد أقاموا علاقة مباشرة بين العمى المادي والخطيئة. وأخيراً «طردوه من المجمع» (آ ٣٤). إن هذا التعبير شديد الوقع، وقد استعمله يسوع في ١٢: ٣١ في كلامه عن «سيّد هذا العالم». لقد حدّد الأعمى الذي شفي خياره، فلم يعد مقبولاً في شراكة الدين اليهودي: إنه مطرود من المجمع إذاً. لقد لاقى العقوبة التي حاول أهله تجنّبها. وفي الواقع، ضمن هذا الإطار، توازي كلمة «طردوه من المجمع»، إبعاده عن جماعة اليهود المؤمنين كما ورد في آ ٢٢. وفي نهاية المحاكمة حُكم على الشاهد وعلى يسوع معاً، ولكن، كما نعلم، الحكم الحقيقي لم يصدر بعد، بنظر الإنجيلي.

ب٤- إيمان الأعمى الذي شفي

إن المسؤول عن هذه المحاكمة كان في صميم هذه المناقشات كلها، ولكن بعد طرد الأعمى بسبب شهادته الجريئة، دخل يسوع إلى مسرح الحدث مجدّداً وأخذ الكلام. نشاهد هنا لقاءً بين يسوع والأعمى الذي شفي. وكما في اللقاء الأول، أخذ يسوع المبادرة. في المرة الأولى، رأى يسوع الأعمى، فاقترب منه، وأعطاه أمراً، فاستجاب الأعمى له بوضوح وقبول لعمل يسوع (آآ ٦-٧). أما هذه المرّة، فالعكس قد حصل: قام حوار بين الاثنين؛ تطورت معرفة الأعمى كثيراً لصانع هذه الآية، ولكن يسوع وحده هو القادر أن يجعله مؤمناً حقيقيّاً.

«أتؤمن أنت بابن الإنسان»؟ (آ ٣٥). إن الأعمى الذي شفي، والذي نشأ نشأة يهودية، عرف يسوع، من خلال الآية التي أنجزها، كنبيّ وكإنسان آتٍ من الله. والآن، فالأعمى مدعو لأن يؤمن بابن الإنسان. بحسب سفر دانيال، إن صورة ابن الإنسان هي صورة الديَّان النهيوي (الاسكاتولوجي) (دا ٧: ١٣).

استعمل يوحنا هذا اللقب عشر مرات في إنجيله[١٦٥]، ليُبرز عدّة مظاهر مسيحانية أساسية. إنه يُظهر إنسانية يسوع؛ «الكلمة» صار «ابن الإنسان» عند التجسّد. ويسوع يظهر نفسه عن طريق كلماته، وأعماله وتصرّفه البشري: وبالفعل، استطاع الأعمى أن يتعرّف إلى هوية يسوع الحقيقية انطلاقاً من الآية التي حصلت معه. لقب ابن الإنسان يكشف كذلك عن أصل يسوع، وهو موضوع نقاش في هذا النص: إنه «الذي نزل من السماء» (٣: ١٣). كان الأعمى الذي شفي، قد أكّد في آ ٢٣ أنه يجب البحث عن أصل يسوع لدى الله. وفي النهاية، إن ابن الإنسان، في الإنجيل الرابع، هو صاحب السلطان ليدين ويخلِّص (راجع ٣: ١٤؛ ٥: ٢٥)؛ وحضوره في العالم، أحدث تمييزاً ودينونة (راجع آ ٣٩).

إن تعبير ابن الإنسان في هذا النص، لم يكن مرفقاً بفعل يوضح المهمّة التي يقصدها. واستعماله بشكل مطلق يدل على أن كل غنى هذا اللقب متضمّن فيه. وانطلاقاً من الإطار العام، يمكن أن يشير إلى رسالة المسيح التي هي

---

[١٦٥] - يو ١: ٥١؛ ٣: ١٣، ١٤؛ ٥: ٢٧؛ ٦: ٢٧، ٥٣، ٦٢؛ ٩: ٣٥؛ ١٢: ٣٤؛ ١٣: ٣١.

اجتذاب كل الناس إليه (راجع ١٢: ٣١-٣٦)؛ المقصود، بالتأكيد، هو صيغة مسيحانية تتجاوز ما كان يفهمه اليهود في هذا اللقب.

إن الأعمى الذي شفي صار مستعداً للتعبير عن إيمانه، ولكنه ما زال ينتظر بعض التوضيح عن هوية ابن الإنسان. وتوافقاً مع رمزية هذا الفصل، قال يسوع: «أنت رأيتَه...»[١٦٦] (آ ٣٧). مع النور المادي، تفتحت عينا الأعمى على نور أكثر عمقاً، وهو ليس سوى الإيمان. أكّد الأعمى الذي شفي انضمامه إلى يسوع باعتراف أيماني شديد البساطة[١٦٧]، وسجد أمام ذلك الذي جعل منه إنساناً جديداً.

ب٥- يسوع والفريسيّون

أصدر يسوع، ابن الإنسان، الحكم في نهاية هذه المناظرة - المحاكمة. أعطى حكمه في موضوع الفريسيّين، وكذلك الذين يمثلونهم. أعلن يسوع أنه نور العالم في ٨: ١٢ وفي ٩: ٥؛ إن كلامه مرتبط بهذه الفكرة، ليوضح مفعول حضوره في

---

١٦٦ - طيلة الفصل المذكور ورد فعل «رأى» باليونانية blepo أو anablepo إلاّ في هذا الموضع حيث نجد الفعل orao.

١٦٧ - إن هذا الاعتراف الإيماني مختلف عن الاعترافات الأخرى الموجودة في الإنجيل الرابع: ١: ٤٩؛ ٦: ٦٩؛ ١١: ٢٧؛ ٢٠: ٢٨. لم يفعل الأعمى الذي شفي سوى القبول باللقب الذي اقترحه يسوع. ومع ذلك، فإن هذا الاعتراف الإيماني هام، لأنه يأتي مناقضاً لقساوة قلوب أخصام يسوع تجاه الآية التي هي دليل على عمل الله.

العالم[١٦٨]. إن مجيء المسيح إلى العالم هو «للدينونة» (eis krima) وهذا ما يضع هذا الإعلان في مستوى قضائي، وهو أمر عادي في إطار أي محاكمة. إن الحكم متعلق بموقف الإنسان من النور. وفي مقطوعتنا، يتناقض موقف الفريسيّين مع موقف الأعمى الذي نال الشفاء. رفض الأولون قبول النور، أما الثاني فقد أصبح شاهداً لعمل هذا النور الخلاصي في العالم. إن اللغة هنا غنية بالاستعارات: إن كلمتي «رأى» و «لم يروا» اللتين استعملهما يسوع تشيران إلى استقبال «مرسل الله» أو رفضه، وهو الذي يعمل أعمال الله (راجع آ ٤).

شعر الفريسيّون الموجودون هناك أنهم معنيون بما يجري وبما يقوله المسيح. وبناء لطلبهم أوضح يسوع فكرته. إن موضوع النقاش في العلاقة بين العمى والخطيئة جاء مجدداً في جواب يسوع، ولكن من مستوى آخر. إن الخطيئة ليست متصلة بالعمى المادي، إنها متصلة بالأحرى، بهذا الشكل من العمى، وهو الاكتفاء البشري عند الذي يزعم أنه «يرى» و «يعرف» كل شيء، ويرفض الانفتاح على النور الذي أشعّه يسوع. إن شهادة الآيات تبقى بدون مفعول لدى هؤلاء[١٦٩]، ويفضّلون أن يُسكتوا الشاهد الذي يعلن إيمانه بمن هو مصدر النور.

---

[١٦٨] - إن موضوع مجيء المسيح إلى العالم يتكرر في إنجيل يوحنا ١: ٩؛ ٣: ١٩؛ ٦: ١٤؛ ١١: ٢٧؛ ١٢: ٤٦؛ ١٦: ٢٨؛ ١٨: ٣٧.

[١٦٩] -راجع يو ١٢: ٣٧-٤٠: "ومع أنه عمل لهم كلّ هذه الآيات، فما آمنوا به، ليتمّ ما قال النبي أشعيا: "يا ربّ، من الذي آمن بكلامنا؟ ولمن ظهرت يد الرب؟" وما قدروا أن يؤمنوا به،

ج- ملخَّص

يقودنا هذا النص، من خلال نقاش طويل في شكل محاكمة، إلى اكتشاف موقفين بشريين ممكنين. فاليهود، من جهة، ينغلقون شيئاً فشيئاً على ما يرون من حقيقة، وقد وجدوا أنفسهم منبهرين بنور المسيح الذي صار دينونة بالنسبة إليهم. ومن جهة أخرى، فإن الأعمى الذي أبصر تقدَّم تدريجياً في الإيمان، وطوال مسيرته هذه، كان يعترف بما ناله من يسوع، ويتعمّق ببطء في التعرف إلى من شفاه. إن النمو في الإيمان مرتبط بالالتزام وبالمخاطرة والشهادة الصادقة.

استدعى اليهود الأعمى الذي شفي ليشهد، ومن خلال شهادته ترسَّخ إيمانه وتعمَّق. استجوبوه وأهانوه وهدّدوه، ولكنه لم يستسلم، ورفض أن ينفي ما حصل معه، أو تمويه ما جرى وما يفكّر به. إن هذا الإنسان البسيط، والصادق مع ذاته، وقد صار نموذجاً للتلميذ الحقيقي المدعو ليشهد لإيمانه بيسوع بعد أن كشفه تدريجياً.

إنه نموذج من الشهادة التي تصطدم بمحيط معادٍ، ولكنها تبقى صادقة رغم الصعوبات. من جهة أخرى، إن موقف أهل الأعمى الذين رفضوا أن يشهدوا خوفاً من طردهم من المجمع، هو صورة عن المؤمنين الذين لا يتجرؤون أن يتورّطوا إذا شهدوا ليسوع، وأعلنوا إيمانهم به.

لأن أشعيا قال أيضاً: "أعمى الله عيونهم وقسّى قلوبهم، لئلا يبصروا بعيونهم ويفهموا بقلوبهم ويتوبوا فأشفيهم" (راجع أش ٦: ٩-١٠).

خلاصة

يمكن اعتبار الإنجيل الرابع بمجمله شهادة لصالح الشاهد الذي هو المسيح. سنذكِّر بأهم النتائج التي توصلت إليها دراستنا لنتوصل إلى تحديد موضع هذه الشهادة في اللاهوت المعاصر، وفي التزام شهود اليوم. وهكذا فإن الرسالة التي بدأها يسوع، وعاشها التلاميذ، يمكن أن تبلغ كل إنسان، لتظهر له الوجه الحقيقي لله.

إن دراسة لغة إنجيل يوحنا وأسلوبه تقودنا إلى اكتشاف وجود قضية كبرى تشكل محور العمل والخطب المتعددة. إن شهادة يسوع وشهادة المدافعين عن قضيته تصنَّف في إطار نزاع العالم مع الوحي الذي أتى به مرسل الآب. إن كلمة المسيح وكلمة شهوده تصطدم بالرفض وعدم الإيمان.

إن شهادة المسيح، بنظر يوحنا، ذات طابع شعبي وقانوني. ويسوع هو الشاهد الأعظم في القضية التي تضعه في مواجهة العالم: إنه شاهد تشكل كلمته أسمى مراتب الوحي الإلهي للبشر، وهو في الوقت عينه الشهادة - المرجع لكل الذين سينتمون إليه: «من قبل شهادته شهد أن الله صادق» (يو ٣: ٣٣). على مدى الإنجيل، سيأتي شهود كثيرون ليشهدوا ليسوع. وهكذا يساهمون في إظهار يسوع للعالم.

إن أخصام يسوع هم الفريسيون، أو «اليهود» بشكل أشمل. إن هوية يسوع ومصدره الإلهي تشكل محور هذه القضية وموضوع المناقشات. يحتج اليهود على ادعاءات يسوع، ويعتبرون كلماته مهنية. وباستنادهم إلى «معارفهم»، نصَّبوا أنفسهم قضاة واعتقدوا أنهم ربحوا القضية بمحاكمة المتهم. لقد أصدروا حكمهم: يجب أن يقتل يسوع.

ولكن الانتصار، في إنجيل يوحنا، كان مناقضاً لما سبق؛ فالمتهم-الشاهد انتصر وأكّد أنه غلب «العالم» و «رئيسه». خرج يسوع منتصراً من هذه القضية، وصار الحكم الحقيقي بيده. إن شهادة المسيح جعلت البشر يعرفون الحق: «من يؤمن بالابن، فله الحياة الأبدية. ومن لا يؤمن بالابن، فلا يرى الحياة، بل يحلّ عليه غضب الله» (٣: ٣٦). يدوَّن هذا الانتصار في إطار الوظيفة المسيحانية، التي يعترف بها شهود الإنجيل الرابع.

وبعد ذلك درسنا لغة الشهادة ومفرداتها في إنجيل يوحنا. وبالإضافة إلى كلمات «شهادة» و «شهد» استعملت مفردات أخرى للتعبير عن هذا الموضوع. وتنتمي إلى هذا المجال مفردات: قال، إعترف وأكَّد. تتناول الشهادة أموراً مرئية ومسموعة كلها تتناول معنى الأحداث التي تحصل. إنها، في الوقت عينه، وصف واعتراف.

إن موضوع الشهادة الخاص، يجعلها في علاقة مباشرة مع الوحي. فالشهود يذهبون إلى أبعد من واقع الأحداث التجريبي والظاهري، ويشهدون لمداها الخلاصي. لاحظنا أن الشهادات كلها تصبّ عملياً حول شخص يسوع، وطبيعته

الخاصة، وعلاقته مع الآب، ومجيئه إلى العالم، ورسالته، وعودته إلى الآب. إنها شهادات تساهم في أن توحي بهوية يسوع أمام العالم.

شهادة موحية

إن الذهنية السامية شديدة التعلّق بالألوهة، وتدرك مع ذلك المسافة التي تفصلها عن العالم الإلهي. ويوحنا ينتمي إلى هذه البيئة، ونجد هذه الفكرة في إنجيله: العالم لا يعرف الله (١٧: ٢٥). يسوع وحده يمتلك معرفة الله الحقّة، لأنه أتى من الله، وهو وحده القادر أن يوحي به[١٧٠].

سيملأ يسوع هذه المسافة التي تفصل الله عن الإنسان: عرَّف الله إلى العالم، لأنه قادر أن يشهد بما يعرف، وبما رأى وسمع من لدن الآب (راجع ٣: ١١؛ ٣: ٣١-٣٢؛ ٨: ٢٦؛ ٨: ٢٨؛ ٨؛ ٣٨؛ ٨: ٤٠). إن ظهوره تجلٍّ يكمل كل التجلّيات

---

١٧٠ - «ما من أحد رأى الله. الإله الأوحد الذي في حضن الآب، هو أخبر عنه» (يو ١: ١٨). «ما صعد أحد إلى السماء إلاّ ابن الإنسان الذي نزل من السماء» (٣: ١٣). «من جاء من فوق، فهو فوق الناس جميعاً. ومن كان من الأرض، فهو أرضيّ وبكلام أهل الأرض يتكلّم. من جاء من السماء، فهو فوق الناس جميعاً، يشهد بما رأى وسمع ولا أحد يقبل شهادته» (٣: ٣١-٣٢). «لا أنّ أحداً رأى الآب إلا من جاء من عند الله: هو الذي رأى الآب» (٦: ٤٦). «أنتم من أسفل، أما أنا فمن فوق. أنتم من هذا العالم، وما أنا من هذا العالم» (٨: ٢٣).

الأخرى فيحجبها ويتخطّاها (راجع ١: ١؛ ١: ١٧؛ ١: ٥١؛ ٨: ٥٦). يدعو يسوع بشهادته الإنسان إلى الإيمان، ليدخله في حب الله.

إن يسوع المسيح، الشاهد بامتياز، يؤكد في العالم واقعاً رآهُ وسمعه وحده. وهذه الشهادة تشكّل «وحياً»، هو الكلمة التي تكشف أمام العالم واقعاً مختلفاً عن الواقع الذي يعبِّرون هم عنه. إن الواقع الذي يؤكده يسوع موجود في غير أرض البشر. وبفضل الشهادة التي أدلى بها يسوع، والشاهد الذي هو يسوع، صار الواقع الموجود في غير أرض البشر، موجوداً هنا بينهم. ولكن لا يوجد هنا إلا بواسطة الشهادة. «إن وجود الله هنا» متعلق بكامله بشهادة يسوع الذي رآه وسمعه في غير هذا المكان، في السماء، في حضن الآب.

كل حياة يسوع تشكل الوحي الكامل، بما هو يسوع حقاً، بالنسبة إلى الله، وبالنسبة إلى البشر. وهكذا أدى المسيح شهادة خلال عبوره على الأرض، وخاصة بصلبه. وإذا بلغ الوحي ذروته على الصليب، فلأن شهادة يسوع هناك على الصليب، بلغت ذروتها، مُظهرة حب الله الفائق للبشر.

يسوع والآب

إن الشهادة، بالنسبة للمسيح، هي إظهار الآب وإعلانه. بالواقع، يتَمَحْوَر اعتراف يسوع أمام العالم، حول مصدره الإلهي ورسالته في العالم: إن يسوع هو الآتي من الآب، وهو الذي يعلن الآب ويمهِّد الطريق إليه الآب. الشهادة بالنسبة إلى المسيح، هي الظهور، والتعريف بهويته، ومن أين أتى، وبعلاقته الفريدة مع الآب. إن شهادته تُخرج حواره الحميم مع الآب إلى العلن، إلى العالم.

بمقدار ما يلتزم الشاهد بعدم التحرك من تلقاء ذاته، كونه منتدباً للإدلاء بشهادته، بمقدار ما يستطيع الدعوة إلى تأكيد صدقيَّة ذاك الذي يتحدث باسمه ويعمل. نشهد إذاً نظاماً من الشهادات المتقاطعة. وفي إنجيل يوحنا يتأكد هذا النظام من هذه الشهادات المتقاطعة. قدَّم يسوع شهادة لصالح الآب معلناً إياه للعالم، والآب قدَّم شهادة للابن، مؤكداً أنه مرسله الحقيقي. إن كل الشهادة، في الواقع، تجد لها مصدراً في شهادة الآب.

استعان يسوع بشهود بشريين - مثل موسى ويوحنا (المعمدان) - ليكونوا حجَّة دامغة تجاه أولئك المعتقدين بصدق تعاليم الاثنين. ولكن هذه الشهادات ذات محدودية بالنسبة إلى شهادة الآب التي برزت للناس تحت ثلاثة مظاهر: الكتب المقدسة، أعمال يسوع وعمل الروح.

- إن الكتب المقدسة الموحى بها من الله، هي ينبوع حياة لأنها تنقل كلمة الله. وهذه الكتب تتضمن حدث الخلاص الذي يتحقق بيسوع المسيح. وهي تشهد لمن يدرك رسالتها. الابن كان حاضراً في الوحي القديم.

- إن الأعمال هي أعمال الله (٩: ٣)، وقد أعطاها الآب للابن لكي ينجزها (٥: ٣٦).

- وروح الحق سيشهد ليسوع لدى عودته إلى الله. إنه يمثل الصيغة المستقبلية التي ستكتسي بها شهادة الآب.

يرى يسوع أن كلمته وشهادته مثبتة من قبل الآب، ولكن الإنجيلي يقدم لقرائه مساراً معاكساً. بإتمام الكتب، شهد يسوع لأمانة الله وميثاقه ووعوده. وعندما صنع يسوع «الآيات» لجأ في كلماته وتصرفاته إلى عناصر رمزية (نور -

ماء - نار في عيد المظال)، وهذه العناصر تتصل بتصرفات يهوه في العهد القديم وتذكّر بعطاياه لإسرائيل. وهذا ما يشكّل استمرارية لتاريخ الخلاص، ويشهد مرة أخرى، لحقيقة كلمة الله إلى شعبه.

إن يسوع هو محور كل هذه الشهادات، وهو نفسه يلفت الانتباه نحو الآب. والإنجيل بكامله، والشهادات المتنوعة الموجودة فيه. تدلنا على أن الشهادة اليوحنوية هي للآب من خلال الابن. إن الحقيقة عن الله اللامنظور تتجلى في وجه يسوع التاريخي وعبر شهادته. دخل ابن الله في تاريخ البشرية ليوحي لها إلهاً أباً، ويوجّه خطانا نحوه.

الشهود الآخرون

إذا وضعنا على حدة شهادة المسيح ذات الأهمية الخاصة، وشهادة الآب لابنه، يعرض إنجيل يوحنا أمامنا ولادة شهادات لأناس متعددين، تكونت بواسطة يسوع نفسه وبالاحتكاك المباشر معه. وهؤلاء الشهود سيكشفون رويداً رويداً كيف سيتاح لهم، بدورهم، أن يُظهروا الآب بإقرارهم بالابن، وذلك ليكون الوحي الذي شهدوا له بامتياز، منقولاً بواسطتهم إلى إدراك العالم.

يبدأ الإنجيل بتقديم أول شهوده: إنه يوحنا، رجل أرسله الله، لكي يُظهر المسيح لإسرائيل. إن مهمته وشهادته تحتلان موقعهما على ضوء يسوع: «جاء (يوحنا) يشهد للنور...» (١: ٧). وشهادته هي اعتراف أساسي بالمسيح، وإقرار شامل به: «ها هو حمل الله الذي يرفع خطيئة العالم» (١: ٢٩). إن يوحنا شاهد «عيان» بشكل من الأشكال: «وأنا رأيت وشهدت أنه هو ابن (مختار)

الله». (١: ٣٤). ولكن ما رآه يوحنا، هو آية تدل على أن يسوع هو المسيح: «رأيت الروح ينزل من السماء مثل حمامة...» (١ : ٣٢)؛ ولكن هذه الآية كانت مُرفقة بكلمة سابقة موحية تفسِّر معناها: «الذي ترى الروح ينزل ويستقرّ عليه هو الذي سيعمّد بالروح القدس» (١: ٣٣).

سيظهر شهود آخرون خلال نشاط يسوع الأرضي. وباتصالهم به، قاموا باختيار إيماني فريد. أولاً، استقبل التلاميذ الأولون شهادة يوحنا، وأصبحوا بدورهم شهوداً مؤمنين بيسوع. ولمرات متعددة أقرَّ هؤلاء الشهود بأن يسوع هو المسيح (١: ٤١؛ ٤: ٢٥؛ ٧: ٤١؛ ٩: ٢٢؛ ١١: ٢٧)، وهو ابن الله (١: ٤٩ أ؛ ١١: ٢٧)؛ وملك إسرائيل (١: ٤٩ ب؛ ١٢: ١٣)، ومخلِّص العالم (٤: ٤٢)، «وقدّوس الله» (٦: ٦٩).

ولكن الشهادة لا تتوقف عند الإشارة إلى قصة شاهد ينقل ما رأى وسمع، بل تنطبق أيضاً على كلمات وأعمال وآيات. أتيحت الفرصة أمامنا لنرى كيف شكلت «آيات» يسوع شهادة لصالحه. يحتوي إنجيل يوحنا آيات كثيرة مخصصة لمساعدة البشر في الدخول إلى سر يسوع الذي يوحي بالآب. إن الآيات التي يفعلها يسوع تثير فضول الجموع وتسبِّب بداية استجواب؛ ولكن لا يتوصل كل الناس إلى إدراك معناها العميق. ومع أن هذه الآيات أيقظت إيمان الكثيرين، فإن شهادتها تبقى «خرساء» بالنسبة «لليهود» المنغلقين على الحقيقة الخاصة بهم.

إن آية شفاء الأعمى منذ الولادة، التي درسناها في القسم الثاني، تساهم في إظهار يسوع، نور العالم. في هذه القصة، اقتيد الأعمى الذي شفي، ليشهد بما جرى له على يد يسوع، رغم إمكانية تعرضه للإهانة والاضطهاد. تدريجياً، وبشكل موازٍ

لقساوة قلوب اليهود، نقل الأعمى الذي أبصر، الوقائع أولاً، ثم استخلص منها ما يتعلق بفاعلها. وبينما دخل هذا الإنسان البسيط في الإيمان، وأصبح يعيش في النور، صار أخصام يسوع «عمياناً»، وظلّت «خطيئتهم باقية» (٩: ٤١).

الشهادة والإيمان

إن الشهادة تدل على مهمة يسوع الموحية، وموضوع الشهادة هو المسيح نفسه، في سرِّه الشخصي كابن الله. لهذا السبب يوجد الإيمان في صميم الشهادة، ويشكّل غاية سامية لها[١٧١].

إن الوحي لا يفرض معرفة الله تلقائياً. الوحي هو عطية الله للبشر، بواسطة شهادة ابنه. ولكن هذه العطية لا تُفرض فرضاً[١٧٢]، مع أن قبولها يتيح للإنسان أن يستفيد من الوحي الذي أتّمه يسوع، وبالواقع، فالوصول إلى الآب يتم من خلال الابن وحده. وأخصام يسوع لا يستطيعون معرفة الله معرفة حقيقية، لأنه يرفضون القبول به كابن.

---

١٧١ - الإنجيلي، وهو شاهد صادق، يعلن ما رأى وسمع من يسوع، حتى يدخل الناس، بالإيمان وبشهادة الإنجيلي، في شراكة حياتية مع الآب وابنه (راجع ٢٠: ٣١).

١٧٢ - إن هوية يسوع ومعنى رسالته لم تلاقِ قبولاً لدى الجميع. إن إمكانية عدم تقبُّل الشهادة، تدل على أن الشهادة ليست ملزمة: «نحن نتكلّم بما نعرف، ونشهد بما رأينا، ولكنكم لا تقبلون شهادتنا» (٣: ١١).

الإيمان هو قبول كلمة يسوع وشهادته. وهذا الأمر يتطلب انفتاحاً لدى الإنسان، ليتمكن الخلاص الذي جاء به يسوع من الوصول إليه. ولكن بعد الانضمام إلى يسوع، ينبغي أن يستمر المؤمن مع يسوع ويحبه بأمانة. وعليه أن يصبح بدوره شاهداً يقترح على العالم اعتناق الحقيقة والخلاص لتنشيط الإيمان.

الشهادة واللاهوت

بعد نهاية القرن الأول حصل تبدل جذري. لم يعد هناك شهود مباشرون، وبالتالي لم يعد بإمكان أي مسيحي أن يتمتع باختبار تاريخي مباشر عن يسوع المسيح. ولم يعد بمقدور المؤمنين أن يكتفوا بالاستشهاد بشهادة الذين رأوا وسمعوا ولمسوا (راجع ايو ١: ١). ولهذا السبب اضطروا إلى حمل الكلمة، وجعل أنفسهم شهوداً، ليثبتوا للعالم صدقيّة الاختبار الذي يعيشونه (راجع ابط ٣: ١٥). نكتشف عدم إمكانية الوقوف عند مجرد تكرار ما نقل إلينا. ونشعر أننا مضطرون للعبور إلى الخطابة. نعبر تدريجياً من مرحلة الإعلان، ومن التبشير الصرف، إلى مرحلة يجب أن تكون للتأمل وتقديم الحجج والبراهين. وهكذا نعبر إلى محاولات جديدة للتعبير عن الإيمان، إلى نوع جديد من الإقرار، وإلى عصر جديد من الشهادة المسيحية.

ولكي نكون مسموعين، ومقنعين بالتالي، من المفروض أن نقف على الأرض التي يقف فوقها المعترض بالذات. وبما أن أول من تصدّوا للمسيح كانوا من اليهود، فإن أول إشكال اللاهوت المسيحي أخذ حججه وبراهينه من نبوءات العهد القديم. إن التأمل المسيحي آنذاك حاول أن يجد في يسوع، الله الذي

يؤمن له. ومع انتشار المسيحية الناشئة، وتحت تأثير الثقافة الهلّينية، لم يعد مصدر الحجج والبراهين محصوراً بالعهد القديم، بل تحوَّل إلى الفلسفة[١٧٣].

إن شهادة الإنجيل الأصلية تبقى أساسية لكل تأمل لاهوتي... هي تقدِّم للاهوت مضموناً يحتاج إلى تفسير، يوجد في شهادة يسوع وشهادة شهوده الذين «سمعوا» و «رأوا» وحياً مباشراً يشكل نقطة انطلاق للتأمل اللاهوتي. إن لاهوتاً بدون شهادة محكوم عليه بأن يصبح خطاباً لا بداية له ولا نهاية.

تجد المسيحانية مصدرها في شهادة يسوع، وفي وحيه الذاتي، وفي شهادة الرسل الذين استناروا بحدث القيامة وبفعل الروح في داخلهم. والكنيسة تسعى باستمرار إلى تأوين الشهادة التي تسلمتها.

الشهود الحاليّون

إن مسار شهادة الإنسان هو امتداد لشهادة المسيح، وتأوينها بدون انقطاع. رأينا في الإنجيل تركيز مسار للشهادة، يتماشى مع شهادة يسوع، مؤهل

---

١٧٣ - يوستينوس هو شاهد على هذا العبور المزدوج الذي تمَّ بواسطته الدخول في عصر وضع الإيمان موضع نقاش وبالتالي تأسيس ما يُعرف باللاهوت. وفي مناظرته مع اليهود في الحوار مع تريفون، استند على العهد القديم ليقدِّم يسوع المسيح. ولكنه واجه فيما بعد في كتابه Apologies الفلسفة اليونانية التي كان شديد الحماسة لها، وعمل كثيراً لشرح كلمة «Logos».

لأن يواصل نشر الشهادة الأولى، عبر الزمان والمكان، في تاريخ البشر كلِّه: البشرية كلها هي التي تتلقى الوحي الذي تمَّ بيسوع المسيح، لينال الجميع الحياة الأبدية: «والحياة الأبدية هي أن يعرفوك أنت الإله الحق وحدك، ويعرفوا يسوع المسيح الذي أرسلته» (١٧: ٣).

إن الحقيقة المسيحية لا تعرف الارتجال والفورية. فهي تُعرض على أنها أكيدة ومكتفية بذاتها. الحقيقة التي يعنيها الإيمان واللاهوت هي على مستوى الشهادة. ومهمة اللاهوت هي الإجابة على هذه الشهادة بشهادة جديدة تناسبها.

وغالباً ما يحصل بعض الانقطاع بين الشهادة الماضية والشهادة الحالية. وهذا الانقطاع ناتج عن الطابع التاريخي الملازم للشهادة. وبما أن الإيمان واللاهوت هما شهادة متجسدة في زمان ومكان محدَّدين، فمن الواضح انه لا يمكن تكرار ما حدث بكل بساطة. فالمعطيات الإيمانية واللاهوتية، وأشكال ممارستها، ومؤسساتها والتزاماتها، عرضة للتغيير مع الزمان والمكان.

لا تبرز الحقيقة اللاهوتية من دون تطور دراماتيكي أو قضية. فشهود اليوم، كشهود الإنجيل، هم في نزاع مع «العالم». إن شهادتهم تسجَّل في خانة قضية إله يسوع المسيح، ضدَّ الآلهة الكذبة في هذا العصر. إن الصراع بين النور والظلمة لم ينتهِ بعد، ولكنه موضوع في إطار جديد، وبمعطياته التاريخية والجغرافية والثقافية.

يجب أن يحاول الشاهد الحالي إعطاء هذا الزخم للكلمة الإنجيلية، وذلك بالتزام صادق يتجسد في شهادة حية، ليصير علامة مرئية على حب الله بيسوع

المسيح. ومثل الشاهد الأعظم (يسوع)، فإن كل مؤمن مدعو لإتمام الرسالة، رسالة إظهار الآب للبشر، بحيث تكون للبشر حياة، عبر وحي الابن (راجع ٢٠: ٣١).

الشاهد والشهيد

في القرن الثاني، كانت التعابير «شهد» و «شهادة» تطبّق أكثر فأكثر على العذابات المؤدية إلى الموت، والتي قاساها المؤمنون لأجل إيمانهم. وقد عُرف هؤلاء المؤمنون باسم «شهداء». يقاسي الشهيد العذاب ويموت، لأنه كان، بكلمته وحياته، شاهداً مؤمناً بالمسيح.

إن مفهوم يوحنا للشهادة لا يتضمن بوضوح شهادة الدم، ولكننا، لا نجد في العهد الجديد سوى تلميحات إلى هذا المعنى. أما العبور من معنى إلى آخر فهو مشروع، لأن الحقيقة المثبتة في الشهادة المسيحية، هي حقيقة الموت للفداء. إن الشاهد-الشهيد يشهد لانتصار المسيح بالموت، فد غلب الموت بالموت، وكانت له الحياة التي لا تزول. سنتابع تطور مدلول هذه الكلمة للتوصل إلى المعنى الجديد هذا.

كان الرسل في الأساس شهوداً للمسيح القائم من الموت (راجع لو ٢٤: ٤٨؛ أع ١: ٨ و٢٢)، ويحملون هذه الشهادة أمام «كلّ شعوب الأرض» (أع ٣: ٢٥)، رغم منع المجمع ورؤساء اليهود لهم بالضرب والعصي (أع ٤: ١٩؛ ٥: ٣٢ و٤٠). واسطفانوس بدوره، أكّد حدث القيامة، ولهذا السبب رجموه (أع ٧: ٥٥-٥٨). وقد ذكّر بولس بموقفه مِن رجم اسطفانوس فقال: «وإني كنت حاضراً

عندما سفك الشعب دم اسطفانوس شهيدك...» (أع ٢٢ : ٢٠). نرى كيف تطور معنى هذه الكلمة فصار «الشاهد» «شهيداً».

يلمّح سفر الرؤيا إلى الفكرة عندما يقول إن تلاميذ المسيح انتصروا «غلبوه بدم الحمل وبشهادتهم له، وما أحبّوا حياتهم حتى في وجه الموت» (رؤ ١٢ : ١١). في أدب ما بعد الرسل نجد الكلمات: شهود، شهادات وشهد ١٢ مرة في رسالة اكليمنضوس الروماني، بالمعنى المتداول تقريباً مع الفوارق المختلفة. وفي ٥ : ١-٧ يتحدث اكليمنضوس عن «الشهادة» التي قام بها بطرس وبولس في روما «حتى الموت». المقصود هنا بالتأكيد هو الشهادة القصوى، شهادة الدم. ومن جهة أخرى، فإن اغناطيوس، رغم شوقه للاستشهاد، يُغفل هذه الكلمة. ولكن، ظهرت هذه الكلمة في «استشهاد بوليكاربوس» بمعناها المجرد. أي «الشهيد»: «نكتب لكم، أيها الأخوة، بخصوص الشهداء، وخاصة الطوباوي بوليكاربوس، الذي، باستشهاده، أقفل باب الاضطهاد وجعله يتوقف» (١: ١). وهكذا حُكم على بوليكاربوس «بأن يكون أهلاً باحتلال مقامه في عداد الشهداء».

اكتمل تطور هذه الكلمة: فصارت منذ الآن عبارة كلاسيكية من التقليد المسيحي. «فالشهيد» هو المسيحي الذي يشهد علناً بإيمانه بالله الواحد وبألوهية يسوع المسيح، ويحمل هذه الشهادة حتى الموت. يجمع الشهداء الكنيسة، بطريقة مميزة جداً، بالمسيح، وبشهادته التي أعطاها بآلامه وموته على الصليب. ولكن، بمقدار ما يشارك الشهيد بموت المسيح، بمقدار ما يشارك في حياته. فتصبح «شهادته» آية للإنسان ودعوة للإيمان بيسوع المسيح.

المراجع

مراجع عامّة

ALAND K.-BLACK M.-MARTINI C. M.-METZGER B. M.-WIRKGREN A. ; *The Greek New Testament* (Third edition, corrected). United Bible Societies, Stuttgart, 1983.

COENEN L. - BEYREUTHER E. -BIENTENHARD H. ; *Dizionario dei concetti biblici del Nuovo Testamento.* EDB, Bologna, 1980^2.

COLLECTIF ; *Dictionnaire Encyclopédique de la Bible.* (Sous la direction du Centre Informatique et Bible, Abbaye de Maredsous) Brepols, Turnhout, 1987.

COUSIN H. ; *Vie d'Adam et d'Eve, des patriarches et des prophètes - Textes juifs autour de l'ère chrétienne,* (Documents autour de la Bible), Cerf, Paris, 1988.

KITTEL G.-FRIEDRICH G. ; *Grande Lessico del Nuovo Testamento.* (Trad. It.) Paideia, Brescia, 1965ss.

LEMONON J.-P. ; *Flavius Josèphe, un témoin juif de la Palestine au temps des Apôtres,* (Documents autour de la Bible), Cerf, Paris, 1988.

MATEOS J.-BARRETO J. ; *Dizionario Teologico del Vangelo di Giovanni.* Citadella, Assisi, 1982.

تفاسير كتابية

تجدون بين قوسين اختصار المؤلفات التي تتكرّر في الحواشي.

BARRETT C. K. ; *The Gospel According to St John. An Introduction with Commentary on the Greek Text.* SPCK, London, 1978[2]. (= C. K. Barrett, *John*).

BOISMARD M. E. - LAMOUILLE A. ; L'Evangile de Jean, Synopse des quatre évangiles en français, III, Cerf, Paris, 1977. (= M. E. Boismard-A. Lamouille, *Jean*).

BROWN R. E. ; *The Gospel According to John.* (The Anchor Bible), Doubleday, New York, I-XII, 1966 ; XIII-XXI, 1970. (= R. E. Brown, *John*).

ELLIS P. F. ; *The Genius of John. A composition-Critical Commentary on the Fourth Gospel.* The Liturgical Press, Collegeville, 1984.

LAGRANGE M. J. ; *Evangile selon Saint Jean.* (Etudes Bibliques) Paris, 1948[8].

LEON-DUFOUR X. ; *Lecture de l'Evangile selon Saint Jean,* Seuil, Paris, t. I, 1988 ; t. II, 1990 ; t. III, 1990. (= X. Léon-Dufour, *Jean*).

LINDARS B. ; *The Gospel of John.* (The New Century Bible Commentary) Marshall, Morgan & Scott, London, 1972.

MARSH J. ; *The Gospel of Saint John.* (The Pelican New Testament Commentaries) Penguin Books, London, 1988[12].

MATEOS J. - BARRETO J. ; *El Evangelo de Juan. Analisis lingüistico y comentario exegetico.* (Lectura del Nuevo Testamento 4) Cristiandad, Madrid, 1979.

SCHNACKENBURG R. ; *The Gospel According to Saint John (3 vol).* (Paperback Edition). Crossroad, New York, 1990. (= R. Schnackenburg, *John*).

STRATHMAN H. ; *Il Vangelo secondo Giovanni.* (Nuovo Testamento 4) Paideia, Brescia, 1973.

VAN DEN BUSSCHE H. ; *Jean. Commentaire de l'évangile spirituel.* (Bible et vie chrétienne) DDB, Paris, 1967.

WIKENHAUSER A. ; *L'Evangelo secondo Giovanni.* (Il Nuovo Testamento Commentato, IV) Morcelliana, Brescia, 1974[5].

دراسات ومقالات

BERNARD J. ; *Témoignage pour Jésus Christ Jn 5,31-47*, **dans** Mélange de Sciences Religieuses 36(1979), 3-55.

BERNIER E. ; *La notion de témoignage dans le Nouveau Testament. Notes de Théologie Biblique.* Roth, Lausanne, 1939.

BOICE J. M. ; *Witness and Revelation in the Gospel of John.* Paternoster Press, Grand Rapids, 1970.

COTHENET E. ; *Le Témoignage selon Saint Jean*, **dans** Esprit et Vie 28(1991), 401-407.

DE LA POTTERIE I. ; *La passione di Gesù secondo il vangelo di Giovanni.* Edizioni Paoline, Torino, 1991².

DE LA POTTERIE I. ; *La Vérité dans Saint Jean* (2 vol. , Analecta Biblica, 73-74). Biblical Institute Press, Rome, 1977. (= I. De la Potterie, *Vérité*)

DE LA POTTERIE I. ; *La Notion de Témoignage dans Saint Jean*, **dans** Sacra Pagina : Miscellania Biblica Congressus Intern. Cathol. de Re Biblica, vol. II (1959), 193-208.

DE LA POTTERIE I. ; *Jean Baptiste et Jésus Témoins de la Vérité d'après le quatrième évangile*, **dans** "Le Témoignage", Acte du Colloque organisé par le Centre International d'Etudes Humaniste (aux soins de E. Castelli), Aubier, édition Montaigne, Paris, 1972. 317-329.

DODD C. H. ; *The Interpretation of the Fourth Gospel.* Cambridge University Press, London, 1965.

GALBIATI E. ; *La Testimonianza di Giovanni Battista (Gv 1,19-28)*, **dans** Bibbia e Oriente, 4(1962), 227-233.

GIBLET J. ; *Jean 1,29-34 Pour rendre témoignage à la lumière*, **dans** Bible et Vie Chrétienne 16(1956-57), 80-86.

GOURGUES M. ; *Pour que vous croyiez. Pistes d'exploration de l'évangile de Jean.* Cerf, Paris, 1982.

HINDLEY J. C. ; *Witness in the Fourth Gospel.* **dans** Scottish Journal of Theology 18(1965), 319-337.

HOLLERAN J. W. ; *Seeing the Light. A Narrative Reading of John 9*, **dans** ETL, 69(1993), 5-26 ; 354-382.

JACQEMIN P. E. ; *Le témoignage de Jean le Baptiste*, **dans** Assemblée du Seigneur[2], 33(1970), 22-30.

LEUBA J. -L. ; *La Notion Chrétienne de Témoignage*, **dans** "Le Témoignage", Acte du Colloque organisé par le Centre International d'Etudes Humaniste (aux soins de E. Castelli), Aubier, édition Montaigne, Paris, 1972. 309-316.

MANNS F. ; *L'Evangile de Jean à la lumière du Judaïsme*, (Studium Biblicum Franciscanum, Analecta n° 33), Franciscan Printing Press, Jerusalem, 1991.

MANNS F. ; *Racines juives et nouveauté chrétienne en Jean 9*, **dans** Std. Bibl. Franc. Liber Annuus, 35(1985), 69-106.

MASSON Ch. ; *Le témoignage de Jean,* **dans** Revue de Théologie et de Philosophie 38(1950), 5-63.

PAYOT C. ; *L'interprétation johannique du ministère de Jean Baptiste,* **dans** Foi et Vie 68(1969), n° 3, 21-37.

RICOEUR P. ; *L'herméneutique du témoignage,* **dans** Id., Lectures 3, aux frontières de la philosophie, Seuil, Paris, 1994, pp. 107-139.

SABUGAL S. ; *El Primer Testimonio y Confesion Mesianica,* **dans** SABUGAL S. ; *Christos.* Barcelona, 1972, 155-193.

STRATHMANN H. ; Martuj, **dans** Grande Lessico del Nuovo Testamento, Paideia, Brescia, VI, 1270-1392.

TRITES A. ; *The New Testament Concept of Witness.* Cambridge University Press, London, 1977.

TRITES A. ; The New Testament Witness in Today's World. Valley Forge, 1983.

VANHOYE A. ; Témoignage et vie selon le quatrième évangile. **dans** Christus 2(1955) 150-171.

VOGELS W. ; *Comment discerner le prophète authentique ?* **dans** Nouvelle Revue Théologique 99(1977), 681-701.

VON WALDE U. C. ; The Witnesses to Jesus in John 5,31-47 and Belief in the Fourth Gospel, **dans** Catholic Biblical Quarterly, 1981, 385-404.

فهرس

تقديم (للأباتي بولس تنوري)........................ ٣

مقدِّمة.. ٧

الشهادة والوحي........................ ١٤

الشهادة والمحاكمة........................ ١٦

تصميم الكتاب........................ ١٦

القسم الأول: نقاط ارتكاز........................ ٢١

١- المحاكمة إطار الإنجيل الرابع........................ ٢٣

أ- الأسلوب........................ ٢٣

ب- اللغة والمفردات........................ ٢٥

ج- أَبطال المحاكمة........................ ٢٧

د- موضوع المحاكمة........................ ٣٠

هـ- تُسهم الآيات في إظهار هوية يسوع........................ ٣١

و- فرائض الشريعة........................ ٣٢

ز- غياب الشهود خلال المحاكمة........................ ٣٤

ح- غياب المثول أمام السلطات اليهودية........................ ٣٥

٢- دلائل كلمة «شهادة»........................ ٣٩

أ- الدلالة الأصلية........................ ٤٠

ب- الشهادة والوحي........................ ٤١

ج- موضوع الشهادة.. ٤٣

د- «الشهادة» والتعابير المشابهة............................. ٤٤

د١- الشهادة، تصريح علني................................. ٤٤

د٢- الشهادة والاعتراف الإيماني............................ ٤٥

د٣- الشهادة وعلاقتها بالفعل (تكلَّم، قال Lalein).......... ٤٧

د٤- الشاهد رأى وسمع................................... ٤٨

٣- الشهادات المختلفة....................................... ٥١

أ- شهادة يوحنا (المعمدان).................................. ٥٢

ب- شهادة الآيات... ٥٤

ب١- الآية الأولى في قانا................................... ٥٥

ب٢- شفاء ابن عامل الملك................................ ٥٦

ب٣- تكثير الخبز... ٥٧

ب٤- يسوع يقيم لعازر من الموت.......................... ٥٩

ج- شهادة الأعمال... ٦٠

د- شهادة الآب.. ٦٢

هـ- شهادة المسيح.. ٦٢

قيامة يسوع... ٦٣

و- شهادة الروح.. ٦٤

ز- شهادة التلاميذ.. ٦٦

ز١- شهادة التلاميذ الأوائل................................ ٦٦

ز٢ - نقل الوحي	٦٧
خلاصة: تنوّع الشهود، وحدة الشهادة	٦٨
القسم الثاني: دراسة ثلاث مقطوعات	٧١
١- شهادة يوحنا المعمدان (يو ١: ١٩-٣٤)	٧٣
أ- دراسة أدبية	٧٣
أ١- الإطار	٧٤
أ٢- التأليف الأدبي	٧٥
أ٣- التقسيم والبنية	٧٧
ب- قراءة لاهوتية للمقطوعة	٨١
ب١- تقديم الشخص	٨٢
ب٢- شهادة يوحنا	٨٥
١) - الشهادة السلبية	٨٦
٢) - الشهادة الإيجابية	٩٠
ب٣- شهادة يوحنا والتلاميذ الأوائل	١٠٠
ج- ملخَص	١٠٢
٢- الشهادات حول رسالة المسيح (يو ٥: ٣١-٤٧)	١٠٥
أ- دراسة أدبية	١٠٦
أ١- الإطار	١٠٦
أ٢- التقسيم والبنية	١٠٨
ب- قراءة لاهوتية	١١٢

ب-١- مقدِّمة...	١١٢
ب-٢- شهادة يوحنا البشريَّة.................................	١١٦
ب-٣- شهادة الأعمال الإلهية................................	١١٩
ب-٤- شهادة الآب..	١٢١
ب-٥- شهادة الكتب...	١٢٣
ب-٦- البحث عن مجد الناس أو عن مجد الله	١٢٥
ب-٧- شهادة موسى البشرية..................................	١٢٧
ج- ملخَّص...	١٢٨
٣- شهادة الأعمى منذ الولادة (يو ٩: ١-٤١)...............	١٣١
أ- دراسة أدبية...	١٣١
أ-١- الإطار..	١٣١
أ-٢- التأليف الأدبي...	١٣٢
أ-٣- التقسيم والبنية...	١٣٥
ب- قراءة لاهوتية...	١٣٨
ب-١- يسوع والتلاميذ..	١٣٩
ب-٢- شفاء الأعمى...	١٤٠
ب-٣- المحاكمة..	١٤٢
١)- الرجل الذي كان أعمى ومحيطه.........................	١٤٣
٢)- الاستجواب الأول للأعمى.............................	١٤٤
٣)- الفريسيّون وأهل الأعمى الذي شُفي.....................	١٤٦

٤)- استجواب الأعمى للمرة الثانية................................... ١٤٧

ب٤- إيمان الأعمى الذي شفي.................................... ١٥٠

ب٥- يسوع والفريسيّون.. ١٥٢

ج- ملخَّص... ١٥٤

خلاصة.. ١٥٥

شهادة موحية... ١٥٧

يسوع والآب... ١٥٨

الشهود الآخرون.. ١٦٠

الشهادة والإيمان... ١٦٢

الشهادة واللاهوت... ١٦٣

الشهود الحاليّون... ١٦٤

الشاهد والشهيد... ١٦٦

المراجع... ١٦٩

فهرس.. ١٧٥